Inhalt

Einleitung

Um Vertrauen zu haben zu den Bildern, muß man wissen, woher sie kommen und wie erprobt sie sind. Dazu gilt, daß die Bilder nicht deshalb gut sind, weil sie alt sind, sondern weil dieses Alte die zentralen Strukturen der menschlichen Seele und Geisteskraft erfaßt. Die Bewußtseinslage des Menschen ändert sich durch die Jahrtausende, aber seine Wesensgliederung bleibt durch die Zeiten.

Nun erzählen sich zwar alle Menschengruppen rings um die Erde Bildgeschichten, aber nicht alle sind gleicherweise gezielt. Nur gilt für alle: sie wurden für Erwachsene erzählt. Zu Kindern gehören sie nur, weil das werdende Erwachsene sind, und auch nur, soweit sie das schon sind. Es ist heute üblich geworden, alle solche Sammlungen Märchen zu nennen, aber man muß unterscheiden. Das althochdeutsche Wort „mär" meint eine besondere Begebenheit, eine durch Prüfung und Gefahren zum Ziel gelangte Erfahrung (= er-fahren, einen Weg voller Proben er-fahren). Das kennzeichnet die Märchen des ganzen Raums, den man als „Abendland" bezeichnet. In den sog. Märchensammlungen der Südsee, Afrikas, Alt-Amerikas sind viele Bildgedanken über Erdentstehung, Moralverhalten, Umgang mit den Tieren vereint. Aber diese Weltentstehungsgedanken sind im Abendland gefaßt in den Mythologien (= „Bildlehren"), die noch vom Umgang des Menschen mit den schöpferischen Göttern berichten. Und Tierfabeln und listige Schwänke, wie sie in der Sammlung der Brüder Grimm auch eingestreut sind, lassen deutlich den Unterschied zu den eigentlichen Märchen erkennen.

Die Märchen des Abendlandes handeln in ihrer Bildsprache klar nur von dem Werdeweg der Persönlichkeit. Es geht um die Personwerdung des verantwortenden, wach bewußten und alle Umwelt mitfühlenden Menschen. Die Fachforscher nennen diese Märchen „Zaubermärchen", weil darin in Bildform viele Verwandlungen gezeigt werden. Verwandlungen –, das ist ja das Wesentliche im Menschsein, ist seine Werdetechnik. Hier wird es nicht in theoretische Sätze gefaßt, sondern in Bilder geprägt. Bilder sind selbst offen, lebendig, luftig, nicht starr, sie lassen den Lebensfortgang immer fühlen: wenn man sie befragt.

Befragen muß man sie als Person, das heißt, ich muß alle Gestalten des Märchens erstmal als Bilder meiner eigenen Wesensbestandteile anschauen. Das ist keine Spielerei, sondern eine Hilfestellung, die man sich selber gibt, um ins Freie zu gelangen. Durch solche Bilder nimmt man Abstand von sich selbst, man sieht sich selbst von außen. Das ist nicht immer bequem, weil man die häßlichen, die ichsüchtigen, die haßfähigen Tendenzen in sich nun auch sieht. Aber ohne sie zu sehen, kann man sie nicht überwinden. Und so sieht man mit Hilfe der Bilder sich selbst ins Weite hinaus gespiegelt, sieht sich geweitet in seinen schlafenden starken Möglichkeiten, in Erfahrungsmöglichkeiten der eigenen Dimension, die man bisher nicht kannte, die den Atem öffnen. Und man gewinnt sich selbst ganz neu wieder, stärker, wahrhaft Personkraft geworden, Mitträger des Weltseins.

So sind Bilder eben „Symbole": das Wort kommt vom griechischen Verbum symballein, zusammenwerfen. Praktisch hieß das einst, wenn zwei Freunde sich trennten, der eine mußte auf weite Reisen in der wilden Naturwelt der Frühzeit hinausgehen, und er kam an, weit in der Ferne, wollte die Nachricht von drüben geben: so konnte er einen Boten schicken, der brachte den einen Teil des beim Abschied in zwei Stücke gebrochenen Ringes zum zurückgebliebenen Freund. Die Teile wurden zusammengefügt, aneinandergeworfen, das meinte symballein. Ein Symbol nun meint immer, daß zwei Aspekte dadurch verbunden werden: der irdische und der geistige, der äußere und der hintergründige Aspekt des Seins. Nun vollzieht sich ein solcher Vorgang, wenn man die Symbole des Märchenablaufs erlebt, etwa so: da ist das Bild vom „Turmsprung", fast das älteste uns überlieferte, im ägyptischen Märchen um 2000 v. Chr. aufgeschrieben, da ist der Turm, was ist das nun, der Leib des Menschen, aufgerichtet auf der Erde wandernd, und oben im Turmfenster sitzt, wartend, die Prinzessin, die nur der gewinnen kann, der so hoch hinaufspringen kann. In den späteren Märchen um dieses Bild springt der Held mit den gebändigten Kräften des Pferdes, in dreimaligem Ansatz, und küßt die Stirn des Wesens im Turmfenster. Im ägyptischen Märchen, noch vor der Zeit der Meisterung des Pferds formuliert, springt der Held mit eigener Kraft, in dem dreimaligen Ansatz, wie der Mensch jede Sache ja mit den drei Ansätzen von Denken, Fühlen, Wollen nur erfaßt.

Also nun, man sieht dies Bild-Symbol, hört es oder liest es, vergegenwärtigt es sich. Man sieht sich selbst, den Turm, den hoch aufgerichteten Leib, aber weil man das nun im Abstand sieht, erkennt man die Struktur ganz neu. Im Haupt, hinter der Stirn leuchtet das Gedankenlicht auf, wenn man es will. Man muß dazu die Kräfte spannen. Viel später, um 1800 n. Chr., sprach jener genaueste Denker, Hegel, von der „Anspannung des Begriffs", die nötig sei, um die Zusammenhänge des Seins zu erkennen, und also aus Erkenntnis handeln zu können. Das uralte Bild vom Turmsprung; als Symbol gibt es eben das Zusammensehen von äußerer Erscheinung und wesenhafter Bedeutung.

Es gehört zum Gewinn aus der Bild-Handhabung, daß man genau hinschaut und hinhört. Diese Bilder wurden gewählt in Zeiten, in denen die Sinnesorgane des Menschen noch ganz voll entfaltet waren. Sie sind heute so korrumpiert und verarmt, daß es die therapeutische Aufgabe der Gegenwart ist, sie bewußt wieder zu üben und zu befreien. Durch Lärm, Fernsehen, Computer, Tempo-Täuschung sind die Wahrnehmungsfähigkeiten des Menschen geschädigt. Aber die Übung des willentlichen, geduldigen, genauen Wahrnehmens ist eben gerade Hilfe, um über die Krise eines möglichen Mißbrauchs der Technik ins Freie echter Mensch-Welt-Beziehung hinaus zu kommen. Genaues Beobachten war Bedingung, um Bilder zu formen, die dem Menschen als Person helfen können. Um 1800 n. Chr. hat es Goethe, der so exakte Beobachter der Natur, formuliert als das „sich innigst identisch machen" mit dem, was man beobachtet, mit allem Sein also. Nur eine solche „anschauende Urteilskraft" läßt die Symbole richtig zur Wirkung kommen, und es macht zugleich den Menschen reich, reich in sich selbst.

Man kann sich dann diesen Bildern anvertrauen. Sie sind nicht spielerisch und zufällig entstanden, weder die Bilder der Märchen noch die der vorangehenden Mythen. Sie wurden genau beobachtet, bedacht, streng geformt, knapp gefügt. Die Symbolbilder der abendländischen Märchen zielten auf das Werden bewußter verantwortender Persönlichkeit, man muß sich das aufmerksam bewußt machen, darum wird es hier wiederholt. Der Raum umfaßt die Kulturen vom alten Ägypten und Sumer und Babylonien, Kleinasien, Indien bis in den leisen Austausch mit China, Griechenland und das ganze Europa vom Ural bis zum Atlantik. Es ist das Gebiet, in dem die Entwicklung der exakten Naturwissenschaft und also der Technik mit allen ihren Gefahren auch geschah.

Diese Gebiete wurden vielgliedrig geleitet von Zentren aus, in denen das tägliche wirtschaftliche und das forschende und das seelisch-fühlende und das geistige Leben zugleich gepflegt und geordnet wurden. Diese Stadtfürsten mit den Priester-Lehrer-Forschern wußten sich für die Erdordnung verantwortlich vor den Göttern, den geistigen Wesen, die sie fühlten als Schöpfer und Dirigenten des Kosmos. Die Gesetze des Kosmos als bestimmend für Erde und Mensch holten sie durch genaue Beobachtung herein ins Bewußtsein und vergegenwärtigten sie in den Maßen aller Bauten und Lebensrhythmen. Das kann hier nur angedeutet werden in der Fülle der praktischen Beweise. Es will nicht sagen, daß die Menschen der frühen Kulturen, auf denen wir aufbauen, ohne Zorn und Schwäche und Egoismus waren: aber sie wußten sich in der Ordnung der Götter und wußten die Notwendigkeit der Aufmerksamkeit und eben darum konnten sie die Bilder formen. Man gab die Bildgeschichten ins Breite hinein. Wir wissen, daß die Erzähler, aus starkem unverwirrtem Gedächtnis, diese Geschichten ins Land trugen. Dort hörte man sie, mit ebenso reinem Gedächtnis, und unterschied diese Bildlehren sehr genau von Schwänken und Tierfabeln. Wir wissen, daß so im alten Griechenland die Rhapsoden durchs Land wanderten, im alten Europa die Barden, die zehn Jahre lang bei den Forscherlehrern, den Druiden, Unterricht hatten, ehe sie erzählen durften. Noch Cäsar lobte die strenge Wissenschaft der Astronomie und Naturlehre der Druiden – ehe er sie im Krieg um Gallien ausrottete. Im Mittelalter wanderten dann so die „spilmänner" und in Rußland die Guslispieler. Wir kennen die Chroniken, in denen berichtet wird, wie um das Jahr 1000 n. Chr. die Großfürsten von Kiew – der Keimzelle des russischen Reichs – sich abends die Märchen erzählen ließen, die wir noch heute aus der Sammlung des 19. Jahrhunderts und den heutigen Märchenbüchern kennen. Die Märchenforscher heute, wie Prof. Max Lüthi in Zürich und Prof. Wladimir Propp in Moskau, haben sehr gründlich dem in sich so straffen Aufbau der Märchen nachgeforscht und versucht zu erspüren, wie alt die Bilder oft sind, also wie erprobt diese große Selbstbefragung des Menschen ist, die in den Symbolen gefaßt wurde.

Wir kennen ziemlich gut die Lehrmethode der alten großen Leitzentren, die in Heliopolis und Theben, in Delphi, Eleusis und Ephesus, in Chartres und den Externsteinen lagen und in Upsala. Die Methodik dieser Lehrzentren gab eine genaue Erkenntnisübung und ein strenges Training des leiblichen und moralischen Verhaltens. Das ist in die Bildsymbolik umgesetzt worden als Anruf, und als Ermutigung. Es ging unterschwellig durch die Jahrtausende. Es neu zu bewußter Übung und Befragung zu machen, bringt die innere Sicherheit in die Psyche, in das Selbstsein des Menschen, die wir brauchen. Seinsverbindung und Sinnhaftigkeit lassen sich gewinnen, eine Ganzheit im Raum und Kontinuität im Zeitablauf erfühlen.

Die Goldkugel

Der Eisenhans

Es war einmal ein König, der hatte einen großen Wald bei seinem Schloß, darin lief Wild allerart herum. Zu einer Zeit schickte er einen Jäger hinaus, der sollte ein Reh schießen, aber er kam nicht wieder. „Vielleicht ist ihm ein Unglück zugestoßen", sagte der König und schickte den folgenden Tag zwei andere Jäger hinaus, die sollten ihn aufsuchen, aber die blieben auch weg. Da ließ er am dritten Tag alle seine Jäger kommen und sprach: „streift durch den ganzen Wald und laßt nicht ab, bis ihr sie alle drei gefunden habt." Aber auch von diesen kam keiner wieder heim, und von der Meute Hunde, die sie mitgenommen hatten, ließ sich keiner wieder sehen. Von der Zeit an wollte sich niemand mehr in den Wald wagen, und er lag da in tiefer Stille und Einsamkeit, und man sah nur zuweilen einen Adler oder Habicht darüber hin fliegen. Das dauerte viele Jahre, da meldete sich ein fremder Jäger bei dem König, suchte eine Versorgung und erbot sich, in den gefährlichen Wald zu gehen. Der König aber wollte seine Einwilligung nicht geben und sprach: „es ist nicht geheuer darin, ich fürchte, es geht dir nicht besser als den andern, und du kommst nicht wieder heraus." Der Jäger antwortete: „Herr, ich will's auf meine Gefahr wagen: von Furcht weiß ich nichts."

Der Jäger begab sich also mit seinem Hund in den Wald. Es dauerte nicht lange, so geriet der Hund einem Wild an die Fährte und wollte hinter ihm her: kaum aber war er ein paar Schritte gelaufen, so stand er vor einem tiefen Pfuhl, konnte nicht weiter, und ein nackter Arm streckte sich aus dem Wasser, packte ihn und zog ihn hinab. Als der Jäger das sah, ging er zurück und holte drei Männer, die mußten mit Eimern kommen und das Wasser ausschöpfen. Als sie auf den Grund sehen konnten, so lag da ein wilder Mann, der braun am Leib war wie rostiges Eisen, und dem die Haare über das Gesicht bis zu den Knien herabhingen. Sie banden ihn mit Stricken und führten ihn fort in das Schloß. Da war große Verwunderung über den wilden Mann, der König aber ließ ihn in einen eisernen Käfig auf seinen Hof setzen und verbot bei Lebensstrafe, die Türe des Käfigs zu öffnen, und die Königin mußte den Schlüssel selbst in Verwahrung nehmen. Von nun an konnte ein jeder wieder mit Sicherheit in den Wald gehen.

Der König hatte einen Sohn von acht Jahren, der spielte einmal auf dem Hof, und bei dem Spiel fiel ihm sein goldener Ball in den Käfig. Der Knabe lief hin und sprach: „gib mir meinen Ball heraus." „Nicht eher", antwortete der Mann, „als bis du mir die Türe aufgemacht hast." „Nein", sagte der Knabe, „das tue ich nicht, das hat der König verboten", und lief fort. Am andern Tag kam er wieder und forderte seinen Ball; der wilde Mann sagte: „öffne meine Türe", aber der Knabe wollte nicht. Am dritten Tag war der König auf die Jagd geritten, da kam der Knabe nochmals und sagte: „wenn ich auch wollte, ich kann die Türe nicht öffnen, ich habe den Schlüssel nicht." Da sprach der wilde Mann: „er liegt unter dem Kopfkissen deiner Mutter, da kannst du ihn holen." Der Knabe, der seinen Ball wiederhaben wollte, schlug alles Bedenken in den Wind und brachte den Schlüssel herbei. Die Türe ging schwer auf, und der Knabe klemmte sich den Finger. Als sie offen war, trat der wilde Mann heraus, gab ihm den goldenen Ball und eilte weg. Dem Knaben war angst geworden, er schrie und rief ihm nach: „ach, wilder Mann, geh nicht fort, sonst bekomme ich Schläge." Der wilde Mann kehrte um, hob ihn auf, setzte ihn auf seinen Nacken und ging mit schnellen Schritten in den Wald hinein. Als der König heimkam, bemerkte er den leeren Käfig und fragte die Königin, wie das zugegangen wäre. Sie wußte nichts davon, suchte den

Schlüssel, aber er war weg. Sie rief den Knaben, aber niemand antwortete. Der König schickte Leute aus, die ihn auf dem Felde suchen sollten, aber sie fanden ihn nicht. Da konnte er leicht erraten, was geschehen war, und es herrschte große Trauer an dem königlichen Hof.

Als der wilde Mann wieder in dem finstern Wald angelangt war, so setzte er den Knaben von den Schultern herab und sprach zu ihm: „Vater und Mutter siehst du nicht wieder, aber ich will dich bei mir behalten; denn du hast mich befreit, und ich habe Mitleid mit dir. Wenn du alles tust, was ich dir sage, so sollst du's gut haben. Schätze und Gold habe ich genug und mehr als jemand in der Welt." Er machte dem Knaben ein Lager von Moos, auf dem er einschlief, und am andern Morgen führte ihn der Mann zu einem Brunnen und sprach: „siehst du, der Goldbrunnen ist hell und klar wie Kristall: du sollst dabei sitzen und achthaben, daß nichts hineinfällt, sonst ist er verunehrt. Jeden Abend komme ich und sehe, ob du mein Gebot befolgt hast." Der Knabe setzte sich an den Rand des Brunnens, sah, wie manchmal ein goldner Fisch, manchmal eine goldne Schlange sich darin zeigte, und hatte acht, daß nichts hineinfiel. Als er so saß, schmerzte ihn einmal der Finger so heftig, daß er ihn unwillkürlich ins Wasser steckte. Er zog ihn schnell wieder heraus, sah aber, daß er ganz vergoldet war, und wie große Mühe er sich gab, das Gold wieder abzuwischen, es war alles vergeblich. Abends kam der Eisenhans zurück, sah den Knaben an und sprach: „was ist mit dem Brunnen geschehn?" „Nichts, nichts", antwortete er und hielt den Finger auf den Rücken, daß er ihn nicht sehen sollte. Aber der Mann sagte: „du hast den Finger in das Wasser getaucht: diesmal mag's hingehen, aber hüte dich, daß du nicht wieder etwas hineinfallen läßt." Am frühsten Morgen saß er schon bei dem Brunnen und bewachte ihn. Der Finger tat ihm wieder weh, und er fuhr damit über seinen Kopf, da fiel unglücklicherweise ein Haar herab in den Brunnen. Er nahm es schnell heraus, aber es war schon ganz vergoldet. Der Eisenhans kam und wußte schon, was geschehen war. „Du hast ein Haar in den Brunnen fallen lassen", sagte er, „ich will dir's noch einmal nachsehen, aber wenn's zum drittenmal geschieht, so ist der Brunnen entehrt, und du kannst nicht länger bei mir bleiben." Am dritten Tag saß der Knabe am Brunnen und bewegte den Finger nicht, wenn er ihm noch so weh tat. Aber die Zeit ward ihm lang, und er betrachtete sein Angesicht, das auf dem Wasserspiegel stand. Und als er sich dabei immer mehr beugte und sich recht in die Augen sehen wollte, so fielen ihm seine langen Haare von den Schultern herab in das Wasser. Er richtete sich schnell in die Höhe, aber das ganze Haupthaar war schon vergoldet und glänzte wie eine Sonne. Ihr könnt denken, wie der arme Knabe erschrak. Er nahm sein Taschentuch und band es um den Kopf, damit es der Mann nicht sehen sollte. Als er kam, wußte er schon alles und sprach: „binde das Tuch auf." Da quollen die goldenen Haare hervor, und der Knabe mochte sich entschuldigen, wie er wollte, es half ihm nichts. „Du hast die Probe nicht bestanden und kannst nicht länger hier bleiben. Geh hinaus in die Welt, da wirst du erfahren, wie die Armut tut. Aber weil du kein böses Herz hast, und ich's gut mit dir meine, so will ich dir eins erlauben: wenn du in Not gerätst, so geh zu dem Wald und rufe: Eisenhans, dann will ich kommen und dir helfen. Meine Macht ist groß, größer, als du denkst, und Gold und Silber habe ich im Überfluß."

Da verließ der Königssohn den Wald und ging über gebahnte und ungebahnte Wege immer zu, bis er zuletzt in eine große Stadt kam. Er suchte da Arbeit, aber er konnte keine finden und hatte auch nichts erlernt, womit er sich hätte forthelfen können. Endlich ging er in das Schloß und fragte, ob sie ihn behalten wollten. Die Hofleute wußten nicht, wozu sie ihn brauchen sollten, aber sie hatten Wohlgefallen an ihm und hießen ihn bleiben. Zuletzt nahm ihn der Koch in Dienst und sagte, er könnte Holz und Wasser tragen und die Asche zusammenkehren. Einmal, als gerade kein anderer zur Hand war, hieß ihn der Koch die Speisen zur königlichen Tafel tragen, da er aber seine goldenen

Haare nicht wollte sehen lassen, so behielt er sein Hütchen auf. Dem König war so etwas noch nicht vorgekommen, und er sprach: „wenn du zur königlichen Tafel kommst, mußt du deinen Hut abziehen." „Ach Herr", antwortete er, „ich kann nicht, ich habe einen bösen Grind auf dem Kopf." Da ließ der König den Koch herbeirufen, schalt ihn und fragte, wie er einen solchen Jungen hätte in seinen Dienst nehmen können; er sollte ihn gleich fortjagen. Der Koch aber hatte Mitleiden mit ihm und vertauschte ihn mit dem Gärtnerjungen.

Nun mußte der Junge im Garten pflanzen und begießen, hacken und graben und Wind und böses Wetter über sich ergehen lassen. Einmal im Sommer, als er allein im Garten arbeitete, war der Tag so heiß, daß er sein Hütchen abnahm, und die Luft ihn kühlen sollte. Wie die Sonne auf das Haar schien, glitzte und blitzte es, daß die Strahlen in das Schlafzimmer der Königstochter fielen, und sie aufsprang, um zu sehen, was das wäre. Da erblickte sie den Jungen und rief ihn an: „Junge, bring mir einen Blumenstrauß." Er setzte in aller Eile sein Hütchen auf, brach wilde Feldblumen ab und band sie zusammen. Als er damit die Treppe hinaufstieg, begegnete ihm der Gärtner und sprach: „wie kannst du der Königstochter einen Strauß von schlechten Blumen bringen? Geschwind hole andere und suche die schönsten und seltensten aus." „Ach nein", antwortete der Junge, „die wilden riechen kräftiger und werden ihr besser gefallen." Als er in ihr Zimmer kam, sprach die Königstochter: „nimm dein Hütchen ab, es ziemt sich nicht, daß du ihn vor mir aufbehältst." Er antwortete wieder: „ich darf nicht, ich habe einen grindigen Kopf." Sie griff aber nach dem Hütchen und zog es ab, da rollten seine goldenen Haare auf die Schultern herab, daß es prächtig anzusehen war. Er wollte fortspringen, aber sie hielt ihn am Arm und gab ihm eine Handvoll Dukaten. Er ging damit fort, achtete aber des Goldes nicht, sondern er brachte es dem Gärtner und sprach: „ich schenke es deinen Kindern, die können damit spielen." Den andern Tag rief ihm die Königstochter abermals zu, er sollte ihr einen Strauß Feldblumen bringen, und als er damit eintrat, grapste sie gleich nach seinem Hütchen und wollte es ihm wegnehmen, aber er hielt es mit beiden Händen fest. Sie gab ihm wieder eine Handvoll Dukaten, aber er wollte sie nicht behalten und gab sie dem Gärtner zum Spielwerk für seine Kinder. Den dritten Tag ging's nicht anders, sie konnte ihm sein Hütchen nicht wegnehmen, und er wollte ihr Gold nicht.

Nicht lange danach ward das Land mit Krieg überzogen. Der König sammelte sein Volk und wußte nicht, ob er dem Feind, der übermächtig war und ein großes Heer hatte, Widerstand leisten könnte. Da sagte der Gärtnerjunge: „ich bin herangewachsen und will mit in den Krieg ziehen, gebt mir nur ein Pferd." Die andern lachten und sprachen: „wenn wir fort sind, so suche dir eins: wir wollen dir eins im Stall zurücklassen." Als sie ausgezogen waren, ging er in den Stall und zog das Pferd heraus; es war an einem Fuß lahm und kickelte hunkepuus, hunkepuus. Dennoch setzte er sich auf und ritt fort nach dem dunklen Wald. Als er an den Rand desselben gekommen war, rief er dreimal: „Eisenhans!" so laut, daß es durch die Bäume schallte. Gleich darauf erschien der wilde Mann und sprach: „was verlangst du?" „Ich verlange ein starkes Roß; denn ich will in den Krieg ziehen." „Das sollst du haben und noch mehr, als du verlangst." Dann ging der wilde Mann in den Wald zurück, und es dauerte nicht lange, so kam ein Stallknecht aus dem Wald und führte ein Roß herbei, das schnaubte aus den Nüstern und war kaum zu bändigen. Und hinterher folgte eine große Schar Kriegsvolk, ganz in Eisen gerüstet, und ihre Schwerter blitzten in der Sonne. Der Jüngling übergab dem Stallknecht sein dreibeiniges Pferd, bestieg das andere und ritt vor der Schar her. Als er sich dem Schlachtfeld näherte, war schon ein großer Teil von des Königs Leuten gefallen, und es fehlte nicht viel, so mußten die übrigen weichen. Da jagte der Jüngling mit seiner eisernen Schar heran, fuhr wie ein Wetter über die Feinde und schlug alles nieder, was sich ihm widersetzte. Sie wollten fliehen, aber der Jüngling saß ihnen auf dem Nacken und ließ nicht ab, bis kein Mann mehr übrig war. Statt aber zu dem König zurückzukehren, führte er seine Schar auf Umwegen wieder zu dem Wald und rief den Eisenhans heraus. „Was verlangst du?" fragte der wilde Mann. „Nimm dein Roß und deine Schar zurück und gib mir mein dreibeiniges Pferd wieder." Es geschah alles, was er verlangte, und ritt auf seinem dreibeinigen Pferd heim. Als der König wieder in sein Schloß kam, ging ihm seine Tochter entgegen und wünschte ihm Glück zu seinem Sieg. „Ich bin es nicht, der den Sieg davongetragen hat", sprach er, „sondern ein fremder Ritter, der mir mit seiner Schar zur Hilfe kam." Die Tochter wollte wissen, wer der fremde Ritter wäre, aber der König wußte es nicht und sagte: „er hat die Feinde verfolgt, und ich habe ihn nicht wiedergesehen." Sie erkundigte sich bei dem Gärtner nach seinem Jungen: der lachte aber und sprach: „eben ist er auf seinem dreibeinigen Pferd heimgekommen, und die anderen haben gespottet und gerufen: ‚da kommt unser Hunkepuus wieder an.' Sie fragten auch: ‚hinter welcher Hecke hast du derweil gelegen und geschlafen?' Er sprach aber: ‚ich habe das Beste getan, und ohne mich wäre es schlecht gegangen.' Da ward er noch mehr ausgelacht."

Der König sprach zu seiner Tochter: „ich will ein großes Fest ansagen lassen, das drei Tage währen soll, und du sollst einen goldenen Apfel werfen: vielleicht kommt der Unbekannte herbei." Als das Fest verkündet war, ging der Jüngling hinaus zu dem Wald und rief den Eisenhans. „Was verlangst du?" fragte er. „Daß ich den goldenen Apfel der Königstochter fange." „Es ist so gut, als hättest du ihn schon", sagte Eisenhans, „du sollst auch eine rote Rüstung dazu haben und auf einem stolzen Fuchs reiten." Als der Tag kam, sprengte der Jüngling heran, stellte sich unter die Ritter und ward von niemand erkannt. Die Königstochter trat hervor und warf den Rittern einen goldenen Apfel zu, aber keiner fing ihn als er allein, aber sobald er ihn hatte, jagte er davon. Am zweiten Tag hatte ihn Eisenhans als weißen Ritter ausgerüstet und ihm einen Schimmel gegeben.

Abermals fing er allein den Apfel, verweilte aber keinen Augenblick, sondern jagte damit fort. Der König ward bös und sprach: „das ist nicht erlaubt, er muß vor mir erscheinen und seinen Namen nennen." Er gab den Befehl, wenn der Ritter, der den Apfel gefangen habe, sich wieder davonmachte, so sollte man ihm nachsetzen und, wenn er nicht gutwillig zurückkehrte, auf ihn hauen und stechen. Am dritten Tag erhielt er vom Eisenhans eine schwarze Rüstung und einen Rappen und fing auch wieder den Apfel. Als er aber damit fortjagte, verfolgten ihn die Leute des Königs, und einer kam ihm so nahe, daß er mit der Spitze des Schwerts sein Bein verwundete. Er entkam ihnen jedoch, aber sein Pferd sprang so gewaltig, daß der Helm ihm vom Kopf fiel, und sie konnten sehen, daß er goldene Haare hatte. Sie ritten zurück und meldeten dem König alles.

Am andern Tag fragte die Königstochter den Gärtner nach seinem Jungen. „Er arbeitet im Garten: der wunderliche Kauz ist auch bei dem Fest gewesen und erst gestern abend wiedergekommen; er hat auch meinen Kindern drei goldene Äpfel gezeigt, die er gewonnen hat." Der König ließ ihn vor sich fordern, und er erschien und hatte wieder sein Hütchen auf dem Kopf. Aber die Königstochter ging auf ihn zu und nahm es ihm ab, und da fielen seine goldenen Haare über die Schultern, und es war so schön, daß alle erstaunten. „Bist du der Ritter gewesen, der jeden Tag zu dem Fest gekommen ist, immer in einer anderen Farbe, und der die drei goldenen Äpfel gefangen hat?" fragte der König. „Ja", antwortete er, „und da sind die Äpfel", holte sie aus seiner Tasche und reichte sie dem König. „Wenn Ihr noch mehr Beweise verlangt, so könnt Ihr die Wunde sehen, die mir Eure Leute geschlagen haben, als sie mich verfolgten. Aber ich bin auch der Ritter, der Euch zum Sieg über die Feinde geholfen hat." „Wenn du solche Taten verrichten kannst, so bist du kein Gärtnerjunge: sage mir, wer ist dein Vater?" „Mein Vater ist ein mächtiger König, und Goldes habe ich die Fülle, und soviel ich nur verlange." „Ich sehe wohl", sprach der König, „ich bin dir Dank schul-

dig, kann ich dir etwas zu Gefallen tun?" „Ja", antwortete
er, „das könnt Ihr wohl, gebt mir Eure Tochter zur Frau."
Da lachte die Jungfrau und sprach: „der macht keine Um-
stände, aber ich habe schon an seinen goldenen Haaren gesehen, daß er kein Gärtnerjunge ist": ging dann hin und
küßte ihn. Zu der Vermählung kam sein Vater und seine
Mutter und waren in großer Freude; denn sie hatten schon
alle Hoffnung aufgegeben, ihren lieben Sohn wiederzuse-
hen. Und als sie an der Hochzeitstafel saßen, da schwieg
auf einmal die Musik, die Türen gingen auf, und ein stolzer
König trat herein mit großem Gefolge. Er ging auf den
Jüngling zu, umarmte ihn und sprach: „ich bin der Eisenhans und war in einen wilden Mann verwünscht, aber du
hast mich erlöst. Alle Schätze, die ich besitze, die sollen
dein Eigentum sein."

INFORMATION

Die goldene Kugel gewinnen zu können, ist in sehr vielen
Märchen Bedingung, um das Ziel zu erreichen. Oft wird
diese Aufgabe gezeigt, aufgeteilt in drei Schritte, dann zu
drei goldenen Kugeln, die aber doch nur die eine, eigentliche meinen. Am klarsten ist das erzählt im Märchen von Eisenhans, das die Grimms berichten. In einer anderen
Fassung wird der Eisenhans genannt als „der Wilde
Mann", und das ist die allgemein bekannte Bezeichnung in
Deutschland. So heißen manche Wirtshäuser vor den Stadt-
toren und der Wilde Mann wacht über manchen Rathäu-
sern (wie in Meersburg). Man hatte die Waldherren, die
Geister der Waldnatur zum Schutz herangebeten, mit aller
Achtung und Vorsicht vor ihrer Gewalt. Im Eisenhans-Mär-
chen hatte man ihn einmal überlistet und für eine kurze Zeit
im Schloßhof im großen Käfig gebannt: aber der Goldball,
den das Kind noch naiv, von der Geburt her, der Geburt
aus allen Weltkräften heraus, zu eigen hatte, fiel in den Käfig, angesogen von der Gewalt des eisenfarbenen Wilden

Mannes. Der Knabe riß sich los aus der häuslichen Ge-
bundenheit, er suchte die Erkenntnis, die dem goldnen
Ball zugehört. Er ging mit dem Eisenhans, den er befreite,
in die Tiefen des Waldes. Er ging an den kristallhellen
Quellbrunnen, und hütete ihn. Drei Tage lang saß er meditierend in der Stille und den Geräuschen der Natur und
im Anschauen des Quellbrunnens. Dann wurde er hinaus-
geschickt in die Erfahrung der menschlichen Tageswelt.
Die „drei Tage" der Betrachtung geben die alte Übung einer intensiven Einweihung ins Erkennen der Hintergründe
der Dinge. Wir kennen diese „drei Tage" aus allen Lehr-
kulten der Frühzeit bis hin zur Schilderung der Auferste-
hung des Christus. Aus der Lehrzeit im Wald geht der
Jüngling des Eisenhans-Märchens in die Lehrzeit der
Menschenwelt. Er lernt: dienen an den Dingen. In der
Küche des Königs, Feuer entzünden, die Nahrung berei-
ten. Im Garten des Königs: die Pflanzen kennen, pflegen.
Dieses Dienen an den Dingen, das in so vielen Märchen
als Bedingung gefordert wird, ist ja eben der Weg zum Erkennen. Man erkennt nur, was man im eigenen Umgang
beobachtet, hütet, pflegt, achtet, endlich liebt, und dann
zur Stufe des Staunens kommt. Staunen, sagte Aristoteles,
das ist der Anfang aller Philosophie, das heißt aller
„Freundschaft zur Weisheit". Dies aber ist die Voraussetzung zum richtigen Handeln.

Und so kann nun der Jüngling des Eisenhans handeln:
das Reich des Königs, bei dem er dient, wird bedroht. Mit
den Kräften des Eisenhans, den Eisenkräften der Natur gerüstet, besiegt er die Feinde. Aber er verhüllt sich sofort
wieder im Garten. Nur auf den drei Festen des Königs, die
den Sieger offenbaren sollen, kann er sich im rhythmischen
Reifeweg erkennen lassen. Er kommt erst auf dem roten
Pferd, dann auf dem weißen Pferd, dann dem schwarzen,
und fängt die drei goldenen Äpfel. Von den Pferden wird
noch später gesprochen werden, die drei Farben sagen sich
aus: es sind die triebhaften Blutsimpulse besiegt (= der
rote Ritter), es ist die helle Denkkraft gewonnen (= der

weiße Ritter), es ist die Willenskraft gemeistert, um die Aufgabe der Erde zu leisten, des Tages (= der schwarze Ritter).

Die Hochzeit mit der Prinzessin wird gefeiert: und nun kann der Eisenhans in voller Kraft und Fülle des Seins kommen, erkannt werden, und „seine Schätze", die Schätze des Naturseins dem Menschen überantworten. Die goldene Kugel des Anfangsbilds ist in drei Aspekten ins volle Bewußtsein hineingewonnen.

VORBEREITUNG

Die goldene Kugel wird hier und in anderen Märchen schließlich auch „goldener Apfel" genannt. Das weist auf den Sinn des Bildes hin. Die Äpfel vom Lebensbaum werden ins Bild geholt. Die Goldkugel ist nicht nur Metall, wenn auch das edelste beständigste und leuchtendste Metall, sondern sie meint mehr, eine lebendige Kraft. Sie meint die von der Sonne ringsher durchstrahlte Erdkugel, auf der alle Formen nährenden Lebens durch das Licht gedeihen. Es ist der Lichtball der Erde im Kosmos gemeint. Das war stets ein vertrautes Bild. Man lebte ja früher im selbstverständlichen Wahrnehmen von Bildern als Sinn-Aussage. Es ist erst seit etwa zweihundert Jahren den Menschen ferngerückt, und es ist heute wieder ein ganz neuer Ansatz, um Bildsprache zu verstehen, nun auf einer neuen, höchst wachen Stufe, die neue schöpferische Kräfte freisetzen kann. So sahen die Menschen einst überall abgebildet etwa die Kaiser mit der Erdkugel oder dem „Reichsapfel" in der Hand, und sie sahen abgebildet Christus als Leiter des Erdweltprozesses mit der Erdkugel in der Hand. Die Kaiser des europäischen Reiches des Mittelalters wußten sich als Fortführer auf neuer Stufe des Reichs der Römer. Die Römer aber hatten als erste Menschengruppe die feste abgegrenzte Form des Persönlichkeitsrechts ausgeprägt und meinten das als freie Menschen über die ganze (damals bekannte) Erde hin. Als „civis romanus", als römischer Bürger war man freie Rechtsperson, welchem Volkstum man auch sonst angehörte. So fühlten sich die Kaiser Europas der nachrömischen Jahrhunderte als Verantwortende der Erde: die sie als Frucht-Erde sahen, als lichtvolles Apfelland.

Mit dem Bild der goldenen Kugel den Weg anzufangen, gibt sogleich das Erlebnis des mächtigen Raums, in dem und von dem aus alle anderen Bilder zur Erscheinung kommen. Jedes steht für sich, und ist doch zugleich Wegzeichen im einen Ganzen, in der Persönlichkeit.

Man muß das Bild ganz konkret vor sich her und um sich herum und immer mehr ins Weite ausgedehnt aufbauen. Von sich aus ins Weite vorstellend nach den vier Himmelsrichtungen die Länder der Erde vorstellend und denkend, so umschreitet, umfliegt man die Erdkugel. Sie ist Lichtkugel, im Lichtprozeß des Kosmos ganz eingefügt. Ob man den Photonenstrom bedenkt oder die Willenskraft geistiger vielfältiger Wesenswirkung fühlt, beides ist gezielt auf das Zentrum Erde, von allen Seiten durchstrahlt, mal heller mal dunkler, Nacht und Tag immer Lichtwirkung tragend. Nur in diesem Lichtprozeß geschieht das Erscheinen der Vielfalt der Pflanzen: man stellt sie sich vor, um ganz zu vergegenwärtigen, was gemeint ist. Blüte und Blatt, Farben, Duft, Geschmack, Nahrung für Tiere und Menschen, alle nährend, denn die Raubtiere leben von den pflanzenfressenden Tieren. Die lichtvolle Pflanzenwelt, sie in ihren so unnennbar vielen Differenzierungen ertastend, anschauend, vorstellend; es ist endlich Freude im Menschen. Licht aus dem Kosmos, Freude in der Seele des Menschen. Und Aufmerksamkeit, jene innere Bewegtheit des Wachseins, das jede Lichtgestalt nachvollzieht in ihrem Lebensvollzug. Man fühlt jede Pflanze wie einen „Gedanken Gottes", eine Erfahrung, ein Experiment des So-oder-so-Seins, das sich in uns als Innenerlebnis erhöht wiederfindet. Man kann die Lichtstrahlen aus der Sonne empfinden als Spenden, als strömende Gaben wesenhafter Kräfte. Ob man das nun personal oder als positive Einfügung in eine Gesamtordnung erleben will, ist eigene Entscheidung. Die

Ägypter in der Zeit des Echn-aton (dem der Sonne = aton Zugewandten) im 14. Jahrhundert v. Chr. zeigten oft die Strahlen der Sonne als spendende Hände dem Menschen ihre Kraft gebend.

So sind wir selbst ganz durchströmt von den Lichtkräften, die von unten her in den Aktivitäten der Minerale und Metallkräften beantwortet, ausgeformt werden.

Durch diese Aufmerksamkeit kann man den Pflanzen der Erde auch helfen, zu bestehen. Das meint die sachliche Aufmerksamkeit für die äußeren Lebensbedingungen der immer stärker vom Mißbrauch der Technik und der Chemie gefährdeten Lebensgestalten, die ja unser Atemraum sind. Aber es gilt auch als eine positive Hinwendung der seelischen Offenheit. Die Wirkung von Achtung, Zuneigung und Interesse kann man an den Zimmerpflanzen erproben. Aber nun muß das alles ins Weite der ganzen lichten Erdkugel ausgedehnt werden. Das ist die Aktualität dieser Übung des Goldkugel-Symbols: aus Beobachtung, Stille und Staunen die Verantwortung übernehmen für diese leuchtende goldhelle Kugel im Raum.

ÜBUNG

Die Erde tragen

Ganz gegenwärtig das Wirken des Lichts in sich erleben. Die Helligkeit, das Zur-Erscheinung-Bringen aller lebendigen und lebentragenden Gestalten. Das Einströmen-Lassen der Kräfte der Sonne. Licht und die mitgebrachte Wärme, denn obwohl Wärme eigentlich ein ganz ureigenes Erlebnis ist, gehört es im Lebensvollzug zum Licht mit dazu. Man vergegenwärtigt sich die schwebende Gewaltigkeit des Ganzen: die mächtigen Kugelballungen die sich im Raume ihre Spannung so halten, daß etwas wie ein kosmischer Tanz sich rituell, nach festen Bedingungen und doch leise variabel vollzieht. Man vergegenwärtigt sich, wie man auf dieser Erde steht und im Raum in verschiedenen Entfernungen in jeweils eigenen Ringbahnen, Bahn-Ebenen, die Planeten ihre Wirkung aus den Bahnsphären ausgeben, rings die Fixsternfülle als offne Hülle darum, in der die Bahn der Tierkreiszeichen – die Ekliptik d. h. Bahn der Sonnen- und Mondfinsternisse – als Bahnzeichen des Sonnenwegs Orientierung gibt.

Meditation braucht als Vorausbedingung eine Fülle von Weltstoff, Welterleben, inneres Angerufensein aus der Weite in sich hinein und ins Weite hinaus. Ohne solche Fülle des Weltseins wird eine formale meditative Übung zum süchtigen Schwimmen, Flucht oder Selbstverliebung. Nun aber weiß man die goldene Lichtkugel Erde als im Raum bewegtes Gebilde, von anderen bewegten Kräfteballungen verschiedener Artung umgeben. Mit Staunen, Achtung, äußerster Behutsamkeit nimmt man sie, die zum Symbol verdichtete aber ganz durchpulst von Leben zu fühlende Goldkugel in die Hände. Behutsam fühlt man die Goldkugel in den Händen. Sie ist uns, dem Menschen, jedem Menschen, zur Kenntnis und Obhut, zur Befragung und zum Mitwirken anvertraut. Es weitet sich die Goldkugel in den Händen wieder zum Lichtraum, zum Lichtprozeß aus. Man fühlt sich ganz darin einbezogen. Man ist nicht mehr nur sein Hiersein, sondern ist im Licht, in der runden Lichtsphäre.

Ziel: eine solche Übung verbindet Kopf und Herz mit den Händen, in deren Schale man die farbenflutende Lichtkugel ruhen fühlt. Es führt so zur Wahrnehmung und Kraft der Verantwortung des Ganzen. Es gibt die disziplinierte Behutsamkeit, die Leben erhält, aber zugleich die Freude an der vielfarbigen, vielformigen Entfaltung, der Heiterkeit und der ungeheuren Kraft des Lichts, des Lichtprozesses alles unseres Seins. Es ist ein Erlebnis, das uns frei macht von der Verstrickung ins nur Private, das aber zugleich als Antwort auf den Licht-Anruf die Kraft der Persönlichkeit entfaltet, der freien Freude am Sein und der Aufgabe des Mitwirkens im Sein: diesem Sein, das uns in die Hände gelegt ist, eine goldene Kugel in der Schale der Hände.

Die Kristallkugel

Die Kristallkugel

Es war einmal eine Zauberin, die hatte drei Söhne, die sich brüderlich liebten: aber die Alte traute ihnen nicht und dachte, sie wollten ihr ihre Macht rauben. Da verwandelte sie den ältesten in einen Adler, der mußte auf einem Felsengebirge hausen, und man sah ihn manchmal am Himmel in großen Kreisen auf und nieder schweben. Den zweiten verwandelte sie in einen Walfisch, der lebte im tiefen Meer, und man sah nur, wie er zuweilen einen mächtigen Wasserstrahl in die Höhe warf. Beide hatten nur zwei Stunden jeden Tag ihre menschliche Gestalt. Der dritte Sohn, da er fürchtete, sie möchte ihn auch in ein reißendes Tier verwandeln, in einen Bären oder einen Wolf, so ging er heimlich fort. Er hatte aber gehört, daß auf dem Schloß der goldenen Sonne eine verwünschte Königstochter säße, die auf Erlösung harrte: es müßte aber jeder sein Leben daran wagen, schon dreiundzwanzig Jünglinge wären eines jämmerlichen Todes gestorben und nur noch einer übrig, dann dürfte keiner mehr kommen. Und da sein Herz ohne Furcht war, so faßte er den Entschluß, das Schloß von der goldenen Sonne aufzusuchen. Er war schon lange Zeit herumgezogen und hatte es nicht finden können, da geriet er in einen großen Wald und wußte nicht, wo der Ausgang war. Auf einmal erblickte er in der Ferne zwei Riesen, die winkten ihm mit der Hand, und als er zu ihnen kam, sprachen sie: „wir streiten um einen Hut, wem er zugehören soll, und da wir beide gleich stark sind, so kann keiner den andern überwältigen: die kleinen Menschen sind klüger als wir, daher wollen wir dir die Entscheidung überlassen." „Wie könnt ihr euch um

einen alten Hut streiten?" sagte der Jüngling. „Du weißt
nicht, was er für Eigenschaften hat, es ist ein Wünschhut,
wer den aufsetzt, der kann sich hinwünschen, wohin er will,
und im Augenblick ist er dort." „Gebt mir den Hut", sagte
der Jüngling, „ich will ein Stück Wegs gehen, und wenn ich
euch dann rufe, so lauft um die Wette, und wer am ersten
bei mir ist, dem soll er gehören." Er setzte den Hut auf und
ging fort, dachte aber an die Königstochter, vergaß die Riesen und ging immer weiter. Einmal seufzte er aus Herzens-
grund und rief: „ach, wäre ich doch auf dem Schloß der
goldenen Sonne!" Und kaum waren die Worte über seine
Lippen, so stand er auf einem hohen Berg vor dem Tor des
Schlosses.

Er trat hinein und ging durch alle Zimmer, bis er in dem
letzten die Königstochter fand. Aber wie erschrak er, als er
sie anblickte: sie hatte ein aschgraues Gesicht voll Runzeln,
trübe Augen und rote Haare. „Seid Ihr die Königstochter,
deren Schönheit alle Welt rühmt?" rief er aus. „Ach", erwi-
derte sie, „das ist meine Gestalt nicht, die Augen der Menschen können mich nur in dieser Häßlichkeit erblicken,
aber damit du weißt, wie ich aussehe, so schau in den Spiegel, der läßt sich nicht irremachen, der zeigt dir mein Bild,
wie es in Wahrheit ist." Sie gab ihm den Spiegel in die
Hand, und er sah darin das Abbild der schönsten Jungfrau,
die auf der Welt war, und sah, wie ihr vor Traurigkeit die
Tränen über die Wangen rollten. Da sprach er: „wie kannst
du erlöst werden? Ich scheue keine Gefahr." Sie sprach:
„wer die kristallne Kugel erlangt und hält sie dem Zauberer
vor, der bricht damit seine Macht, und ich kehre in meine
wahre Gestalt zurück. Ach", setzte sie hinzu, „schon so
mancher ist darum in seinen Tod gegangen, und du, junges
Blut, du jammerst mich, wenn du dich in die großen Ge-
fährlichkeiten begibst." „Mich kann nichts abhalten",
sprach er, „aber sage mir, was ich tun muß." „Du sollst alles
wissen", sprach die Königstochter, „wenn du den Berg, auf
dem das Schloß steht, hinabgehst, so wird unten an einer
Quelle ein wilder Auerochs stehen, mit dem mußt du kämp-

fen. Und wenn es dir glückt, ihn zu töten, so wird sich aus ihm ein feuriger Vogel erheben, der trägt in seinem Leib ein glühendes Ei, und in dem Ei steckt als Dotter die Kristallkugel. Er läßt aber das Ei nicht fallen, bis er dazu gedrängt wird, fällt es aber auf die Erde, so zündet es und verbrennt alles in seiner Nähe, und das Ei selbst zerschmilzt und mit ihm die kristallne Kugel, und all deine Mühe ist vergeblich gewesen."

Der Jüngling stieg hinab zur Quelle, wo der Auerochse schnaubte und ihn anbrüllte. Nach langem Kampf stieß er ihm sein Schwert in den Leib, und er sank nieder. Augenblicklich erhob sich aus ihm der Feuervogel und wollte fortfliegen, aber der Adler, der Bruder des Jünglings, der zwischen den Wolken daherzog, stürzte auf ihn herab, jagte ihn nach dem Meer hin und stieß ihn mit seinem Schnabel an, so daß er in der Bedrängnis das Ei fallen ließ. Es fiel aber nicht in das Meer, sondern auf eine Fischerhütte, die am Ufer stand, und die fing gleich an zu rauchen und wollte in Flammen aufgehen. Da erhoben sich im Meer haushohe Wellen, strömten über die Hütte und bezwangen das Feuer. Der andere Bruder, der Walfisch, war herangeschwommen und hatte das Wasser in die Höhe getrieben. Als der Brand gelöscht war, suchte der Jüngling nach dem Ei und fand es glücklicherweise: es war noch nicht geschmolzen, aber die Schale war von der plötzlichen Abkühlung durch das kalte Wasser zerbröckelt, und er konnte die Kristallkugel unversehrt herausnehmen.

Als der Jüngling zu dem Zauberer ging und sie ihm vorhielt, so sagte dieser: „meine Macht ist zerstört, und du bist von nun an der König vom Schloß der goldenen Sonne. Auch deinen Brüdern kannst du die menschliche Gestalt damit zurückgeben." Da eilte der Jüngling zu der Königstochter, und als er in ihr Zimmer trat, so stand sie da in vollem Glanz ihrer Schönheit, und beide wechselten voll Freude ihre Ringe miteinander.

Das Symbol „Kristall" fordert zwei Schritte der Erkenntnis. Der erste Schritt zeigt es als Kristall = strenge Formgebundenheit. Der zweite Schritt läßt nach der Impuls-Zone fragen, aus der Form kommt, und da fühlt man eine reine absolute Geistigkeit wirken, eine Sphäre, die man in allen alten Jahrhunderten etwa den „Kristallhimmel" nannte. Man meinte den Fixsternraum damit, der die Lebenszonen des Erd-Sonnen-Systems übergreift, und man fühlte, daß die unsterblichen Seelen der Menschen als reine geistige Wesenheiten dort, im Kristallhimmel Herkunft und Heimkehr hatten. Da sprachen die Märchenbilder vom Weg zum „Glasberg". Man kennt ja schon sehr lange, seit dem 4. Jahrtausend v. Chr. die Glasherstellung und erprobte und überlieferte die Rezepte. Glas besteht zum Hauptteil, zu 75% aus Kieselsäure, also aus Quarzsand, das mit Metalloxyden geschmolzen und neu gefestigt wird. Das Silizium, das uns heute als Basis aller Computer-Elemente, aller Chips dient, kristallisiert in Sechseck-Säulen. Es bildet Element menschlicher Haut-Struktur, ist zentrale Formkraft der Erde. Aber das Symbol des Glasbergs meint nicht die Erde, sondern den Formkraftbereich selbst, die reine geistige Seinsweise. Dort auf dem Glasberg muß der Mensch als aktiver Sucher das Leitprinzip des Seins finden, „die Prinzessin auf dem Glasberg". Dort aber muß die Klarheit suchende Seele die Brüder aus dem Rabe-Sein wieder zur Erde holen. Da ist das Märchen von den „sieben Raben" (Grimm): Aus einem unbemeisterten Ungeduld-Affekt „des Vaters", also, im Bild, des nicht voranstrebenden Seins im Menschen, in mir und jedem, werden die Kräfte – die „Brüder" – ausgeschickt in ein ungeklärtes Umherfliegen, „Raben". Vom Rabe-Bild wird hier später noch mehr gesagt, es ist das Bild der Informationen sammelnden Aufgabe. Das verirrt sich, wenn es nicht gezielt ist. Die Schwester-Seele im Menschen fühlt die Unordnung. Sie wandert „bis ans Ende der Welt", durchstöbert die

Erde, kommt drüber hinaus zu Sonne und Mond, die ihr nicht helfen können, denn die äußerste Klarheit kommt aus dem geistigen Planungsbereich. So kommt sie zu „den Sternen", der Fixsternsphäre. Sie geben ihr den Schlüssel zum Glasberg, in dem die Brüder-Raben wohnen und doch nicht wohnen, denn sie sind nicht freiwillig dort ein und aus fliegende Wesen, sondern gebunden an die Neugiergestalt des Raben. Die Schwester kann aber auch mit der Gabe der Sterne nicht öffnen –, sie hat sie verloren, heißt es, denn in Wahrheit kann der Mensch die innerste Erkenntnis nur mit sich selbst, dem Opfer der Selbstüberwindung, gewinnen. Die Schwester-Seele also schneidet sich den kleinen Finger ab, so kann sie das Tor zum Glasberg öffnen. Das Elementarwesen, das dort hütend waltet, gibt ihr den Weg frei, sie kann die Brüder begrüßen, aus jedem Becher trinken, jeden einzelnen Frage-Ansatz beachten. So sind die Brüder wieder im Menschenreich sinnvoll einbezogene Frage-Kräfte geworden. Die Verwandlung geschieht im Gesetz der Kristall-Zone.

Was in dieser Bildgeschichte andeutend skizziert ist, wurde in der Geschichte von der „Kristallkugel", wie sie die Brüder Grimm aufzeichneten, zum straff und voll konturierten Drama gerafft, gezeigt. Hier ist der Glasberg, auf dem die Prinzessin sitzt, auch ein Bild des „Weltbergs", von dem viele Völker sprachen. Er verbindet die Erdwölbung mit dem Kosmos, mit den Sphären der Himmel (der Begriff Himmel wurde immer im Plural verwendet, in der vorchristlichen Zeit wie im christlichen Vaterunser-Gebet). Hier ist nun der geistig zielende Wille im Menschen der Handelnde, „der Prinz" oder „der Jüngste". Im Märchen der sieben Raben war die fühlend wahrnehmende und lauschende Seele aktiv. Aber der Jüngste der Kristallkugel-Geschichte wandert sinnend, horchend im Denkprozeß durch den Wald, um die verzauberte Wesenheit des Glasbergs zu finden. So gelingt es ihm, die Naturintelligenzen hilfreich zu gewinnen (die streitenden Riesen, heißt es da). Mit diesen Kräften und seinem Wunsch-Willen erreicht er den

Glasberg. Er sieht die Prinzipträgerin der Lebenswelt, aber noch sieht er sie in ihren Unebenheiten, den Werdeprozessen und Rissen und Rinden. Das ganze Geheimnis kann er nur lösen durch völlige Selbstdifferenzierung und konzentriert geordneten Einsatz. Das ist im Bild des Zusammenwirkens der drei „Brüder", der drei Kräfte des Menschen als Fühlen, Denken, Wollen. Hier wirken sie aus den Elementen: aus Erde, Wasser, Luft zusammen. Dadurch sind sie nun nicht mehr in die Sonderung verzaubert, sondern es ist das Zusammenspiel der Kräfte geleistet. Das bedingt die Mäßigung: die feurige und maßlose Aufschwungkraft des „Feuervogels", die in jedem Menschen angelegt ist, muß von der maßvollen Denkkraft = Adler gezwungen werden, erdzugewandt zu sein, nachdem sie erst aus der nur vitalen Stierkraft herausgelöst worden war. Nun wirft der Feuervogel das Ei, das Konzentrat – die nun sinnvoll erdzugewandt gewordene Feuerkraft – ab, und damit es nicht in Brandstiftung vergeht, wirft der fühlende Impuls, das maßvolle Lebenselement, die Wasserkühlung darüberhin. Frei liegt nun die innerste Kraft da, die Kristallkraft. Der Jüngste hält sie in Händen. Die Mächte der Natur, die ihn noch bannten, solange er unwissend und unerprobt war, geben ihm nun den Weg frei, „die Eltern" geben ihm nun ihr und sein Erbe, heißt es. Und die Kraft der Kristallsphäre des Lebens, die „Prinzessin vom Glasberg", ist in voller Schönheit ihm verbunden.

VORBEREITUNG

Was aber ist die Kristallkraft? Es ist nicht ganz einfach, die Formkraft von dem Erscheinungsbild der Gestalten zu sondern. Der Winter kann dazu helfen: nun sieht man nur noch die Gerüste der Bäume. Sie zeigen Formverschiedenheiten. Birnbäume deuten insgesamt im Astgerüst die ovale Form der Birne an, Äpfelbäume die Rundform des Apfels. Natürlich müssen es frei wachsende Bäume sein, die das zeigen, nicht die gewaltsam gezüchteten niederen Plantagenbäume. Viele differenzierte Formgerüste werden erkennbar. Und so ist aller Körperbau der Lebewesen, die Knochengerüste, die darin eingezogenen Nerven- und Blutbahnen, ja eigene Formimpulse. Woher kommen sie? Aus Planung und Ertasten geistiger Wesenheiten, oder aus dem Zufall jahrmillionenlangen Umherpurzelns möglicher Fügungen? Das muß jeder selber entscheiden. Gewiß ist nur, daß man erkennen muß, um richtig in der Welt zu stehen. Und wieder ist es der Winter, der weiter Gelegenheit gibt: die Schneekristalle, die Luft und Erde durchziehen und bedecken, sie sind lauter winzige Sechseck-Kristalle. Formwille durchzieht unsere Atemluft, unsere ganze Atmosphäre. Wenn Temperatur und Druck Gelegenheit geben, wird Kristallform mit Materie gefüllt offen anschaubar.

Man fühlte einst die Kristalle sowohl als Wirkung wie als eine Art Spiegelungs- und also Wahrnehmungsorgane des Kosmos in der Erde. Das klang noch nach, als Goethe im Faust, im 2. Teil, dem Kaiser die Elementarzustände der Erde vorführt, und dabei die Arbeit der Gnomen – der Elementarwesen des festen Zustands – kommentiert. Da heißt es:

> „Mit leisem Finger geistiger Gewalten
> erbauen sie durchsichtige Gestalten;
> dann im Kristall und seiner ewigen Schweignis
> erblicken sie der Oberwelt Ereignis."

Goethe sprach da von „Schweignis". Vom Licht sprach er anders, sprach, im Prolog der Erzengelszene für Faust I und in der 1. Szene von Faust II auch, von der tönenden Gewalt des Lichts, diesem gewaltigen Aufbrechen in Wahrnehmbarkeit. Die Formgewalten sind leise, Stille ist ihr Bereich, wenn man sie wahrnimmt. Sicher ist es nicht leise, wenn Materie durch Druck und Sog in die Formstrukturen gedrängt wird, während der Gebirgsbildungszeiten, die ja in gewissem Grad noch immer rege sind. Aber die Formkraft selbst ist eine leise Gewalt.

Man kennt heute den Aufbau der verschiedenen Kristalle in seinen molekularen und elektronischen Strukturen und Spannungen recht genau. Man spricht von 230 Möglichkeiten und von den 32 Symmetrie-Achsen der Gerüstbildungen. Wenn man den Innenbereich der Erde erkundet, muß man die Kristallkraft als eine vom Kosmos her aus der ganzen Sphäre die Erde umgreifende unmaterielle Kraft auffassen. Es ist eine schwebende Kraftbildung in Gang. Man sieht etwa den Oktaeder (= Achtflächner), er bildet aus diesen acht Flächen sechs Ecken, aber sein Wesen zeigt er nur, wenn man ihn, vorsichtig zwischen Zeigefinger und Daumen haltend, im Raum schwebend denkt. Er kann nicht auf den Spitzen stehen, und doch zeigt er nur so seine Aussage: nämlich die zusammenklingende Kraft der

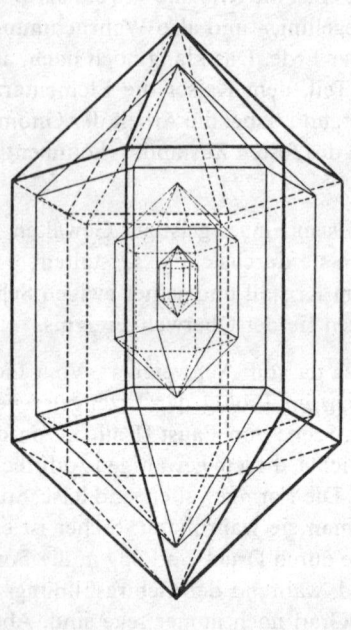

Kristall

drei Raumrichtungen, der drei Dimensionen, in denen wir
leben: oben/unten, vorn/hinten, links/rechts. Im Mineral-
reich der Erde wirkt so ein Gestaltwille hinein, füllt sich mit
Materie, ist aber doch eigentlich schwebender Wille.

So ein Wille kann sich auch auswirken in eine Art ausge-
füllte Ebene, und man kann das menschliche Körpergerüst
erkennen: mit gespreizten festaufgestellten Beinen und den
wie ein Kelch nach oben geöffneten Armen ist es, um die
Mittelachse gerafft, ein Zusammenwirken von zwei Dreiek-
ken. Das Bild der etwas ineinandergeschobenen Dreiecke
ist ein Grund-Mandala der indischen Meditationspraxis.
Es wirken, so fühlt man, die Kräfte von oben und von unten
ineinander, und es erfährt sich so das Menschsein. Es ist
dazu von unten her die Basisgebung der kristalldurchzoge-
nen Erde nötig. Sie ist rund – fast rund. Und von allen Seiten aus dem Kosmos durchwirkt mit diesem Formwillen.
Sie bewirken die vielfach differenzierte Zusammenfügung
im elektronischen Aufbau der Kristalle. Auch im amor-
phen, nicht deutlich gestaltgebendem Zustand wirkt das
Kristallgesetz der verschiedenen Spannungsarten.

Die Sonderung des Form-Prinzips in der Vorstellung
nachzuvollziehen, ist eine innere Aktion, es ist ein Schritt in
die Freiheit echter Erfahrung damit getan. Es hilft dabei,
Kristalle zu sehen, oder die präzis umrissenen Formen von
Urtierchen unterm Mikroskop, oder der Blattformen der ja
wesensverschiedenen Pflanzen. Aber um das Sein der
„Prinzessin auf dem Glasberg" durch die Meisterung der
Kristallkugel zu gewinnen, ist ein Durcharbeiten der gan-
zen Person nötig. Das Bild sagt: wenn man alle Materie
(Stier) und alle Psyche-Bedingungen durchhellt hat (Fisch,
Adler, Bär), kann man erst das reine Formprinzip und da-
mit Lebensgestalt fassen. Es muß der bloße Vitalitäts-Sog
erkannt und zur weiterführenden Kraft geöffnet werden.
Der aus dem Stier entfliegende Feuervogel muß vom gemei-
sterten Adler-Sein von dem Schwärmen in trance-hafte
Träume fortgeholt werden. Die drei auseinanderfallenden
Wesenskräfte werden zusammengeführt, geeint, aber im

Bewußtsein erhellt. So gewinnt man die Kraft, den Aufbau des Seins zu erkennen. Die Kristallkugel, die reine Formkraft in ihrer Wirkung zu sondern und zu halten, ist ein Entschluß. Aber es ist größter Gewinn der Sensibilität, also der Wahrnehmungsfähigkeit. Und das ist die Bedingung wirklicher Meditations-Erfahrungen.

ÜBUNG

Das reine Denken

Die reine Kristallgestalt in den Gebirgen ist durchlässig für das Licht. Ist sie mattiert oder farbig, so ist die Form angefüllt mit Metallen, dann gibt es die Edelsteine. Aber die reine Formkraft ist geistige Kraft, sie wendet sich der Materie zu, kommt aber aus Bereichen, die nicht materiell sind. Man kann das erkennen als Bereiche, die oberhalb oder außerhalb aller Lebensprozesse noch sind. Es ist eine Kraftzone noch übergreifend die Licht- und Lebenszone. Darum wurde das Bild von „Glasberg" und Kristallhimmel von jeher als Bild des Seelen- oder Geisterreichs gefühlt. Da diese Kraft aber die Erde als unseren Lebensraum durchdringt, kann man sie zugleich im Innersten wie im Äußeren suchend empfinden. Die „Kristallkugel" in den Händen fühlend, erlebt man gar keine Schwere, sondern reine Leichte, vollkommene Freiheit von der Schwere aller Körperlichkeit. Da man in der vielfältigen Strenge der Kristallstrukturen zugleich ein souveränes Spiel der Logik findet, fühlt man nun auch die eigene Kraft des Denkens.

Man fühlt das Denken nun als reine Kraft und ahnt, daß es zugleich ein Handeln ist, nämlich ein Tasten, ein Umgreifen, ein im Erkennen das Sein (auf das man ja wirkt –) Formen. Da kommt das neue Erlebnis, daß dies umgreifende und ertastende und formende Denken ja eigentlich zugleich ist oder wird: Wollen. Denken ist eigentlich zugleich Wille. Die Dreiheit des menschlichen Erlebens, durch Fühlen-Denken-Wollen, schließt sich wie in einer permanenten Kreisbewegung immer wieder zusammen, wenn man Denken und Wollen ineinander klingen hört. Mit der strengsten Logik reinen Denkens die höchste Freiheit schöpferischen Willens verbinden ist Möglichkeit und Ziel. Daß dabei der Wille von Verantwortung durchzogen sein muß, um nicht Chaos zu wirken, und das Denken vom Fühlen durchzogen, ist eine andere Übung. Vom „Kristallgesetz der Weltgestalten" sprach fühlend Franz Werfel, und „Ich, Kristall –" verlangte Paul Klee in seinem Tagebuch von sich.

Die Kristallkugel in der Hand halten gibt das reine Grunderlebnis schwerelosen Denkens und Wollens, als ein unsichtbares Netzwerk durch alle Materie und durch uns selbst hingezogen. Das Erlebnis hat zwei Erfahrungen: das Denken als ein Tastorgan real in die Welt greifen fühlen; und das Wollen als Kraft, endlich als einen Willen zum Wollen und als ein Können fühlen. Die schwebende Leichte darf dabei nicht verlorengehen. Das Wesen Kristall ist die Leichte, das schwebende Ausgespanntsein im Raum, den man mit leisen Strahlungen zugleich strukturierend ganz durchdringt. Man *ist* Raum in dieser Weise.

Es verwirklicht etwas, von dem einst Aristoteles sprach. Als reifer erwachsener Mensch, als geistiges Wesen nun, „stößt man an den Kristallhimmel", sagte er. Er meinte die Fähigkeit des Hineindringens in diese Sphäre. Aber die Kristallisationssphäre durchzieht ja die ganze Erde auch, man ist im Kristallhimmel, wenn man es nur will. Hat die Kraft der Leichte: als Kraft.

Das Element Wasser,
oder: Der Frosch

Zarewna Frosch

Hinter den blauen Bergen und hinter den sieben Meeren
lebten einmal ein Zar und eine Zarin. Lang hatte der Zar in
der Welt gelebt und er hatte zu seinem Beistand drei Söhne,
drei stolze, kühne Recken. Am kühnsten aber und am
schönsten war der Jüngste, Iwan Zarewitsch.

Eines Morgens ließ der Zar seine drei Söhne kommen
und er sprach: „Meine Kinder, ihr seid alt genug um zu hei-
raten, ihr sollt Frauen bekommen. Ich aber will Schwieger-
töchter. Darum nehmt eure Bogen, nehmt eure Pfeile,
ziehet zur Grenze und schießt eure Pfeile ab und dort wo
der Pfeil niederfällt, dort gehet hin und freiet."

Und so nahmen die drei Zarensöhne ihre Pfeile und Bogen, zogen zur Grenze und schossen ihre Pfeile ab. Es
schoß der Älteste und sein Pfeil flog in den Hof eines Boja-
ren. Und so nahm sich der Älteste die Bojarentochter zur
Frau. Es schoß der Zweite und sein Pfeil flog in das Haus
eines Generals und so nahm sich der Zweite die Generals-
tochter zur Frau.

Es schoß Iwan Zarewitsch. Sein Pfeil flog auf zur Sonne
und man sah ihn nicht niedersinken. Iwan Zarewitsch
suchte einen Tag, er suchte zwei Tage. Am dritten Tag geriet er in einen tiefen ausweglosen Sumpf. Da sah er seinen
Pfeil bei einem Frosche liegen. Entsetzt wollte er sich um-
wenden, da rief ihm der Frosch zu: Iwan Zarewitsch, du
suchst doch deinen Pfeil. Nimm deinen Pfeil, nimm aber
auch mich mit, sonst wirst du nie mehr aus diesem Sumpf
herausfinden. Was blieb Iwan Zarewitsch anders übrig? Er
nahm seinen Pfeil, packte den Frosch schob ihn in seine

Rocktasche, ging traurig zu seinem Väterchen, dem Zaren und sprach: „Sieh an, ich kann doch keinen Frosch zur Frau nehmen."

„Nimm sie immerhin" sprach der Zar „vielleicht ist sie dein Schicksal."

Also wurde die Brautkrone über Iwan Zarewitsch und den Frosch gehalten und so waren sie einstweilen verheiratet. Eines Morgens aber ließ der Zar seine drei Söhne kommen. Er befahl ihnen, daß ihre Frauen bis zum nächsten Morgen ein Brot für ihn backen sollten.

Traurig ging Iwan Zarewitsch nach Hause. „Warum bist du denn so traurig?" fragte seine Frau, der Frosch. „Warum soll ich nicht traurig sein. Mein Väterchen, der Zar befiehlt, daß du ihm bis zum nächsten Morgen ein Brot backen sollst." „Sei nicht traurig", sprach sie, „geh zu Bett, der Morgen ist weiser als der Abend."

Und sie brachte ihn zu Bett. Als er eingeschlafen war, warf sie die Froschhaut ab. Sie war Wassilissa, die Allweise, sie war schöner als Sonne, Mond und Sterne. Sie ging zur Treppe und rief: „Kommt ihr Ammen, kommt ihr Kinderfrauen, ihr wehenden Winde kommt all herbei und backt mir ein Brot wie es mein Väterchen speiste."

Und am nächsten Morgen war sie wieder der Frosch. Sie übergab Iwan Zarewitsch ein Brot, das war mit allen Städten des Zarenreiches geschmückt. Er brachte es seinem Väterchen, dem Zaren. Dort waren schon seine beiden älteren Brüder mit dem Brot, das ihre Frauen gebacken hatten. Der Zar prüfte das Brot des Ältesten und sprach: „Das ist für die Knechte." Er prüfte das Brot des Zweiten und sprach: „Das ist für die Mägde." Und er prüfte das Brot von Iwan Zarewitsch und sprach: „Dies werde ich am höchsten Feiertag selbst speisen."

Bald darauf ließ der Zar wiederum seine Söhne kommen und er befahl ihnen, daß ihre Frauen bis zum nächsten Morgen einen Teppich für ihn weben sollten. Traurig ging Iwan Zarewitsch nach Hause.

„Warum bist du denn so traurig", fragte seine Frau, der

Frosch. „Warum soll ich nicht traurig sein? fragte Iwan Zarewitsch. Mein Väterchen befiehlt, daß du ihm bis zum
nächsten Morgen einen Teppich weben sollst." „Sei nicht
traurig", sprach sie, „geh einstweilen zu Bett, der Morgen
ist weiser als der Abend". Und sie brachte ihn zu Bett. Als
er eingeschlafen war, warf sie die Froschhaut ab. Sie war
Wassilissa, die Allweise, schöner als Sonne, Mond und
Sterne. Sie ging zur Treppe und rief:

„Kommt ihr Ammen, kommt ihr Kinderfrauen, ihr wehenden Winde kommt all herbei und webt mir einen Teppich, wie ihn mein Väterchen hatte."

Und am nächsten Morgen war sie wieder der Frosch.
Sie übergab Iwan Zarewitsch einen Teppich, der war gewebt aus goldenen und silbernen Fäden. Und er nahm
ihn und brachte ihn seinem Vater, dem Zaren. Dort waren schon seine beiden älteren Brüder mit den Teppichen,
den ihre Frauen gewebt hatten. Der Zar prüfte den Teppich des Ältesten und sprach: „Der ist für den Stall". Er
prüfte den des Zweiten und sprach: „Der ist für die Bade-
stube." Er prüfte den Teppich von Iwan Zarewitsch und
sprach: „Auf dem werde ich am höchsten Feiertage meine
Gebete verrichten."

Bald darauf ließ der Zar noch einmal seine Söhne kommen und er befahl ihnen, daß sie mit ihren Frauen geschmückt zu seinem Feste kommen sollten. Traurig ging
Iwan Zarewitsch nach Hause.

„Warum bist du denn so traurig?" fragte seine Frau, der
Frosch. „Warum soll ich denn nicht traurig sein, mein Väterchen, der Zar, befiehlt, daß ich mit dir geschmückt zu seinem Feste kommen soll."

„Sei nicht traurig", sprach sie, „geh einstweilen allein.
Aber wenn du es donnern hörst, dann sprich: „Dies ist
meine Frau, der Frosch, die angefahren kommt."

Also ging Iwan Zarewitsch allein zum Palaste des Zaren.
Dort waren schon die beiden älteren Brüder mit ihren
Frauen, die sich aufgeputzt hatten, und sie spotteten seiner.
Plötzlich ertönte lautes Donnern und die Blitze zuckten.

„Erschreckt nicht", sprach Iwan Zarewitsch, „dies ist nur meine Frau, der Frosch, die angefahren kommt."

Zum Palaste des Zaren kam eine goldene Kutsche, bespannt mit sieben Schimmeln und heraus stieg Wassilissa, die Allweise und sie war schöner als Sonne, Mond und Sterne. Sie war schöner als man es in einem Märchen erzählen kann. Sie ergriff Iwan Zarewitsch bei der Hand und sie setzte sich mit ihm zur Tafel. Sie speiste vom Schwanenbraten und sie steckte die Knöchelchen in den linken Ärmel. Sie trank vom Wein und sie schüttete die Neige in den rechten Ärmel. Und die beiden Schwägerinnen beobachten alles genau und machten ihr alles nach. Dann aber ergriff Wassilissa die Allweise Iwan Zarewitsch bei der Hand und führte ihn zum Tanze. Sie schwenkte den rechten Ärmel und es entstand ein See. Und sie schwenkte den linken Ärmel und es schwammen Schwäne darauf. Die beiden Schwägerinnen, die ihr alles nachmachten, beschmutzten nur die Gäste, so daß der Zar sie erzürnt davonjagte. Iwan Zarewitsch aber, der ritt heimlich nach Hause. Er suchte so lange, bis er die Froschhaut fand und da nahm er sie und verbrannte sie. Bald darauf kam Wassilissa, die Allweise angefahren. Als sie ihre Froschhaut nicht mehr fand, erschrak sie und sprach:

„Wehe, was hast du getan! Hättest du noch drei Tage gewartet so hättest du mich erlöst. So aber muß ich fort von dir. Suche mich hinter dreimal neun Ländern im dreimal zehnten Zarenreich." Und sie verwandelte sich in einen Schwan und flog zum Fenster hinaus. Iwan Zarewitsch war verzweifelt und er weinte ein ganzes Jahr. Er weinte auch noch ein zweites Jahr. Im dritten Jahr ermannte er sich endlich, bat um den Segen von Vater und Mutter und machte sich auf, Wassilissa, die Allweise zu suchen. Er ging kurze Wege und er ging lange Wege. Schnell ist ein Märchen erzählt, doch lange braucht es zur Tat. Er ging und ging. Und er kam zu einem Hüttchen, das auf Hühnerfüßen stand und sich drehte: Und Iwan Zarewitsch sprach den Spruch: „Dreh dich, mein Hüttchen, dreh dich zu mir, mit dem Rükken zum Wald, mit dem Eingang zu mir." Und das Hüttchen blieb stehen mit dem Eingang zu ihm und Iwan Zarewitsch ging hinein und fand drinnen die Baba Yaga, die auf der Ofenbank lag und rief: „Fu, fu, noch nie sah ich einen Russengeist, und jetzt kommt ein Russe selbst zu mir, wen suchest du?" „Wassilissa, die Allweise, meine Gemahlin, such ich", sprach Iwan Zarewitsch.

„Bald wird sie zu mir geflogen kommen", sprach die Baba Yaga „du mußt den weißen Schwan am Flügel festhalten, dann wird er sich in einen Frosch verwandeln, danach in eine Schlange und zuletzt in einen Pfeil. Den Pfeil mußt du zerbrechen und dann wird sie in ihrer herrlichen Gestalt vor dir stehen und du wirst sie nimmermehr verlieren. Doch hüte dich, daß du sie zuvor loslässest." Und schon rauschte es durch die Lüfte und herein flog ein herrlicher Schwan und Iwan Zarewitsch ergriff ihn bei den Flügeln und hielt ihn fest. Da verwandelte sich der Schwan in einen Frosch und Iwan Zarewitsch erschrak, ließ den Frosch los und da verwandelte er sich wiederum in einen Schwan und flog davon. „Das war schlecht", sprach die Baba Yaga. „Geh nun zu meiner älteren Schwester, vielleicht gelingt es dir dort." Und Iwan Zarewitsch ging zur mittleren Baba Yaga. Wieder rauschte es durch die Lüfte und der weiße Schwan kam geflogen. Und Iwan Zarewitsch ergriff den Schwan bei den Flügeln und hielt ihn fest. Da verwandelte er sich in einen Frosch und Iwan Zarewitsch hielt den Frosch fest. Da verwandelte sich der Frosch in eine Schlange und Iwan Zarewitsch ergriff das Grauen und er ließ die Schlange los. Und die Schlange verwandelte sich wiederum in einen Schwan und flog davon. „Schlecht, schlecht war dies", sprach die Baba Yaga. „Geh nun zu unserer ältesten Schwester und wenn dir dort die Prüfung nicht gelingt, wirst du Wassilissa die Allweise auf ewig verloren haben."

Und Iwan Zarewitsch ging zur ältesten Baba Yaga und wiederum kam der Schwan geflogen und Iwan Zarewitsch ergriff den Schwan bei den Flügeln und hielt ihn fest. Da

verwandelte sich dieser in einen Frosch und Iwan Zarewitsch hielt den Frosch fest. Der Frosch verwandelte sich in
eine Schlange und Iwan Zarewitsch überwand sein Grauen
und hielt die Schlange fest. Und die Schlange verwandelte
sich in einen scharfen Pfeil und Iwan Zarewitsch nahm den
Pfeil und zerbrach ihn und da stand Wassilissa die Allweise
in ihrem Glanz und ihrer Schönheit vor ihm. Und sie küßte
ihn, und sie lebten miteinander, in Glück und in Frieden
und Gerechtigkeit.

INFORMATION

Es rinnt überall dahin, aber wenn es möglich ist, wird es zur
Tropfenform, wird runde Wasserkugel. Sieht man die Erde
von außen aus dem Raum her, so ist sie zu ⅔ von Wasser
bedeckt, eine Wasserkugel fast. Unter dem Wasser eine
Schicht feste Mineral- und Metall-Erden, darunter heißer
flüssiger Zustand wieder. An den Zweigen im Regen hängen die Tropfen, selbst auf dem schmalen Balkongitter rollen sogleich wieder die Tropfen, die kleinen Kugeln des
Wassers. So ist der *Frosch* oder die größere Kröte und die
Unke ein richtiges Bild für das Wasser: tropfenrunde Gestalt. In vielen alten Bildsprachen nannte man den Frosch
als das Ursymbol der Erde: Aus dem wässrigen Zustand
verdichtet ist die Erde vom Wasser immer abhängig, um Leben zu tragen. Oft beginnen die Märchen so, daß die Königin, ein Kind wünschend, zum Wasser geht, zum Teich oder
Bach, und dem Frosch begegnet, mit dem sie spricht, er ist
dann ein Bote. Im Märchen vom „Froschkönig" (Grimm)
ist das anders beleuchtet. Die „Jüngste" verliert ihren „goldenen Ball" in dem Brunnen im Wald, die Bedingung des
Frosches ist, daß er mit dem Ball zugleich heraufgeholt
wird in das Lebensbewußtsein. Die Jüngste verspricht alles,
will es dann später nicht halten, weil ihr das Wasser un-
heimlich ist. Nun aber sagt „der Vater", die weisen Stimmen in ihr, „was du versprochen hast, um den Goldball zu

gewinnen, mußt du halten". Nun wendet sie endlich eine Gewalt an, will *wissen* wenn es auch ganz unverständlich und gruslig scheint, es heißt im Bild, sie wirft den Frosch an die Wand, aber diese Gewalt offenbart, was verborgene Kraft war. Sie erkennt den Prinzen als den Goldballträger. Denn in diesem Märchen ist gefragt nach der gemeinsamen Wirkung von Wasser und Lichtprozessen: die Goldkugel des Lichtes, ins Wasser gesenkt, ermöglicht jede Lebensgestalt. Aber es ist eben doch das Wasser, nach dem hier gefragt ist. Es geschieht in verhüllter Form, spielerisch umsponnen mit der Geschichte vom treuen Diener Heinrich. Aber der Kern ist konzentriert da, in der Szene im dämmrigen Wald der Lebensbeginne mit dem Froschgespräch, und im Gespräch mit dem Vater: du hast nach dem Ball im Wasser gefragt, jetzt halte das Gespräch durch.

Deutlicheres Licht fällt auf die Wasser-Aufgabe im Märchen von den „drei Federn" (Grimm), doch ist es leider in einer sehr groben Form aufgeschrieben, durch die Grobheiten der "älteren Brüder" zerspielt. Aber der Kernvorgang ist da.

Der alte König will den rechten Nachfolger für die Leitung des Reichs auswählen aus den drei Brüdern. Er bläst drei Federn in die Luft. Jeder geht einer davon nach, und muß dort, wo sie niederfällt, die Aufgaben lösen: einen Teppich für den Erdboden des Wohnens bringen, einen Ring, endlich die rechte Frau. Die Feder des Jüngsten findet sich im Wald an einem Brunnenschacht, in der Tiefe, aus der die Quellwasser kommen, sitzt „die Itsche", die Froschherrin. Sie gibt dem klagenden Jüngsten den schönsten feinsten Teppich – es ist der Pflanzenteppich der Erde, und sie gibt ihm den Ring mit den Metallen und edlen Steinen aus der Erdtiefe, und endlich kommt sie selber, offenbart als lebenformende Wassermeisterin. So in dieser erkannten Lebenskunde wird der Jüngste König, und „herrschte lange mit Weisheit".

Auch dies ist eine vergröberte Form, in der die Grimms es hörten und aufschrieben. Die ganze Dimension des Wasser-Erlebens wird im russischen Märchen von der „Zarin

Frosch" deutlich. Es ist in vielen Versionen oft erzählt und von Afanasjew, dem russischen Grimm-Nachfolger, aufgeschrieben.

Es beginnt: der Vater schießt drei Pfeile in die Himmelsrichtungen, die Brüder folgen ihnen, die älteren finden ihre Frauen bei klugen und tätigen Staatsmännern, der Jüngste findet den Pfeil im Wald im breiten Sumpfgebiet, von einem Frosch ihm geboten unter der Bedingung, daß er sie – die Meisterin des Elements – mitnimmt. Er tut es, dem Gelächter der anderen trotzend. Sie löst die Aufgaben: den edelsten Teppich zu weben, um darauf stehen zu können als Mensch; das zarteste Hemd zu spinnen und nähen, um den Menschenleib zu bekleiden, das beste Brot zu backen, um den Menschen zu ernähren. Um dies zu tun, ruft sie die Winde herbei, öffnet das Fenster, ruft „ihr wehenden Winde, fliegt ins Reich meines Vaters …". Zuletzt, als die Hochzeit mit dem Tanzfest gefeiert werden soll, ruft sie „fliegt in mein Reich und bringt …" Sie kommt offen zum Fest: nun als die Schöne der Erde, sie tanzt und aus ihren weiten Ärmeln werden Teiche und Enten und Blumen und Wiesen den staunenden Zuschauern hingebreitet. Jetzt ist der Moment des Erkennens im Jüngsten reif, aber er übereilt sich, er, so heißt es, „verbrennt die Froschhaut der Schönen". Sie kommt, und indem sie nun ihm entschwindet, ruft sie: nun mußt du mich lange suchen, du konntest nicht warten. Suche mich „hinter dreimal neun Ländern im dreimal zehnten Reich unter der Sonne. Denn ich bin Wassilissa, die Allweise".

Nun beginnt der lange Weg des genauen Erkennens, das geleistet werden muß. Der lange Weg ist in den russischen Märchen meist mit der Formel des altägyptischen Orakelspiels angedeutet –, im 30. Reich, irgendwo jenseits des Tagesbewußtseins also, aber unter der Lehre der Sonne. Der Jüngste, Iwan, das heißt Johannes genannt im russischen Bereich, geht den langen Weg, harte Wege, er kommt zu den drei Uralten ins Naturinnere, zu den drei Baba Jagás. Sie kennen die Wassilissa, sie sind ja mit ihr verwandt, Naturherrinnen anderer Art, sie werden von ihr einmal im Jahr

rhythmisch besucht. Versuche, sie zu halten, wird dem Jüng-
sten gesagt, sie wird sich in viele Formen verwandeln, zuletzt
in den Pfeil, den du halten und zerbrechen mußt. Es ist ja, so
erkennt man, der Pfeil, dem er am Anfang des Wegs folgte.
Er versucht den Kampf, aber er kann die Tiere, in die sie ihre
Gestalt wandelt, nicht halten, erst beim letztenmal mit aller
Kraft ist er so geistesgegenwärtig und mutig. Er gewinnt sie,
die Kraft der Allweisen, der Wasserherrin, also der Herrin
der Verwandlungskraft in die vielen Lebensformen, sie hat er
erkannt, nimmt sie mit in seinen Lebensbereich, ist Meister
dieses Wissens.

Es gibt Fassungen dieser Bildgeschichte, in denen man
Wassilissa zeigt im blauen Kleid des Himmelsraums mit
Mond und Sternen bezeichnet, oder den Teppich mit allen
Gestalten der Erde bestickt. Das Wort Wassilissa entspricht
dem griechischen Wort basilinna, das ist „Königin". Ist sie
„die Allweise", so ist sie eben die Kraft, die durch alle Formen des Lebendigen hindurch wirkt. Sie ist damit auch die
Verwandlungskraft selbst. Dasselbe Bild ist schon im griechischen Mythos gebraucht im Formenkampf der Eltern des
Achilleus zwischen dem Vater und der Mutter Thetis, Tochter des Wassers, des Meeres. Man muß das bewegliche Element erkennen, seine Kraft in sich selbst lebendig fühlen.

VORBEREITUNG

Die Erde ist nicht nur als Ganzes von den mächtigen immer
bewegten Meeren überspannt, sondern auch die Konti-
nente und Inseln sind durchzogen vom Adernetz der Flüsse
und Bäche. So ein Aderlauf ermöglicht viel Leben um sich.
Da entspringt – als Beispiel genannt – der Neckar im Moor
von Schwenningen (Württemberg), also im Moorgebiet aus
der Tiefe der Grundwassernetze der Erde. Er schlängelt
sich als Bach durch das breite grüne Tal, hin und her ge-
wunden zwischen den überhängenden Gebüschen, die Dör-
fer und Handwerksorte begleitend, biegt durch die Schwä-

bische Alb nach Tübingen, dort schon eine Insel bildend, zu der die Studenten mit uralten Kähnen staken. Einst schaute Hölderlin in den Krankheitsjahren von dem Turmzimmer auf den leise strömenden Fluß, sprach, als er den Schwänen zusah, vom „heilig-nüchternen Wasser". Der breitere Fluß kommt in die Industriegebiete, hinter Stuttgart schiffbar gemacht, mündet breit und von manchen Bächen gefüllt bei Mannheim in den Rhein, seine Wasser strömen nun mit ihm durch das felsenenge und durch das offne Ufergelände bis nach Holland und in das große Meer. Ein Adernnetz ist nachfühlbar. Es erinnert an das in den Menschenleib eingefaßte Adernnetz: den Kreislauf des Blutes, den Kreislauf der Säfte. Festes erscheint lebendig nur wenn es von Wasser durchzogen ist, der Körper besteht um 80% aus Flüssigkeit.

Man muß auch die Momentbilder des Weges festhalten: An einem Bach sitzend, in dem das Wasser über die Steine strudelt, sieht man die Fische, wellenformen angepaßtes Leben, und sieht am Ufer die Gräser und vielformigen Kräuter, die Weidengebüsche, die höheren Bäume, die Kühe weidend im Gras. Nichts ist, ohne durchzogen zu sein vom flüssigen Element. Es erhält Form im lebendigen Prozeß, der endlich auch Bewußtsein tragen kann. Man kann es in vielen Stimmungen erfahren. Das leise in sich bewegte Schwingen einer See-Fläche bei ruhigem Wetter, oder die eiligen kleinen Schaumkronen im Wind; das breite Heranrollen der weiß überschäumten Dünung der Meere an den Kontinenten: alles ist Bewegung, Ruhe, Warten –, Möglichkeit zu jeder Gestalt. Es ist bereit, auch den Schwimmer hinein zu nehmen in die Wellenwege, ihn ganz bewegtes Sein erleben zu lassen. Es trägt, es wartet, es ermöglicht Gestalt.

Wenn man die Blumen auf dem Fensterbrett nicht mit Wasser gießt, vertrocknen sie, zerfallen, zerstäuben, werden mineralische Erde. Erde als Wald-Boden und Acker-Boden ist dann wartend auf Samen, Licht und Wasser, Wasser aus dem die Erde umziehenden Feuchtigkeitsfeld, den aufstei-

Kultgefäß aus dem Mithras-Kultraum
in Augst, Basel, Hist. Museum.
Drei Kröten weisen auf die Wasser-Lebenskraft,
in die die drei Schlangen Erdwissens- und
Erneuerungskraft spenden (die dem steten Wachstum
folgende Häutung ist Erneuerungssymbol).

genden und fallenden Wassern: Nebel und Wolken: Sind
die Gestalten aufgebaut, ruht sich das Wasser auf ihnen
aus: in Tropfenform. Nach dem Regen hängen die Tropfen
an allen Zweigen, am Morgen glänzt das Licht in den Tau-
tropfen über den Kräutern, in den Spinnennetzen zwischen
den Tannenzweigen im Wald. Was für ein Element. Es hat
seine Freude daran, alle Gestaltmöglichkeiten zu durchziehen und dann wieder sich zu durchspiegeln in den kleinen
Glanzkugeln, zu strömen, zu rinnen, zu wirken in festen
Strukturgesetzen, zu spielen im Licht. Es ist das Element
des Möglichseins, des Glanzes, des Dienens und Umwäl-
zens. Es kann warten und ruhen, wie der Teich im Wald.
Wenn man das Glück hat, eine Unke aus einem Teich im
Wald rufen zu hören, erkennt man die Stimme der Ruhe des
Wartens, es klingt wie eine Glocke, die mit den tiefen Tö-
nen Ruhe aussendet.

ÜBUNG

Pulsation und Ruhe

Vergegenwärtigt man sich das ruhig atmende Durchströmt-
sein der Erde, der Lebewesen, des Erdumkreises, so kann
man im fühlenden Erkennen des Geborgenseins, des Einbe-
zogenseins in diese Rhythmik den Atem ganz entspannen.
Man fühlt in sich hinein, horchend auf das eigene Adernetz, auf das leise Wellenweben des Blutes. Man fühlt es
wie große gleichmütige Wellen aus dem Erdumkreis herein-
wirken. Der (gesunde) Pulsschlag hat ja eine feste Bindung
an den Minutenlauf in der Zeit, und Blutpulsschlag steht
zum Atemrhythmus wie 4 : 1 (wie 18 : 72); von diesen Atem-
zügen wiederum weiß man, daß im Tage der Mensch etwa
25 920 solche tut, also soviele, wie die Sonne Jahre braucht,
um ihren Frühlingsaufgangspunkt durch die Strahlungen
des ganzen Tierkreises hindurch zu führen. So gleichmütig
pulst das Blut im Weltgesetz, und so sensibel und offen
auch ist sein Gang für unsere persönlichen Regungen.

Dies Horchen auf das leise Pulsieren des Blutes in seinem eigenen und zugleich weltbedingten Gesetz verbindet
uns mit dem Raum auf neue Weise. Das Mitleben mit allem
Strömen und allen Formen öffnet sich als ruhige Möglichkeit. Man erlebt in sich die Kraft zu den Verwandlungen,
den Metamorphosen, den Formwandlungen. Das wird in
dem Menschen zur Ich-Kraft. Von Stufe zu Stufe meines
Bewußtseins kann ich mich wandeln ins immer reichere
Sein hinaus. Und auch „ruhender Pol in der Erscheinungen
Flucht" ist das Ich nun, es ruht und verwandelt zugleich.
Etwas von dieser Zwei-Einheit ist angesprochen von Rilke
in dem 29. Sonett der „Sonetts an Orpheus": Das schließt
so, in dem Ringen um Selbsterfassung: *„Und wenn dich das
Irdische vergaß, / zu der stillen Erde sag: ich rinne, / zu dem
raschen Wasser sprich: ich bin."*

Aus der Kraft des Ich, das in sich die gleichmäßig tö-
nende Pulsation des Blutes weiß, ist man fähig, sich in dem
mächtigen Wassernetz, dem ruhigen Fließen, Strudeln und

Stürmen, dem Quellen und Strömen des großen Adernnetzes des Erdsystems ganz einbezogen zu wissen. Es ist ein ruhendes Pulsieren, das mich umgibt. Ich bin, ruhend und bewegt zugleich.

Im Lebensprozeß: Jetzt ist der Moment, um die drei Übungen in ihrem Zusammenklang zu erkennen. Sie geben dem Menschen die Basis für alles, was ihn individuell weiter führt. Denn sie sind alle zusammen der Lebensprozeß als Ganzes. Lichtprozeß, Formprozeß, Wasserprozeß: das gibt zusammen den Chemismus des Lebens.

Er ist in jedem einzelnen Menschen in sich gestaltet abgeschlossen, und doch garnicht und nie abgeschlossen, denn er vollzieht sich nur aus den umgebenden einströmenden Weltkräften, und er vollzieht sich nur solange im je eigenen Leib, als dessen in der Geburt mitgebrachte Grundkräfte ausreichen, den Chemismus zusammenzuhalten. Dann ergibt sich in voller Deutlichkeit die Frage nach dem Kristallhimmel, die man vorher schon eingeübt hatte. Jeder muß sie sich nach seinem Denken und Willen entscheiden und öffnen, denn jeder hat die Freiheit des Willens, den er geübt hat. In der Fähigkeit zur Verwandlung, zu dem immer weiteren Wandern, wie das Wasser wandert und wie alle Gestalten immer im Wandel sind, in dieser Kraft findet man Antworten. Der Lebensprozeß ist erfaßt in den drei Symbolen: die goldene Kugel, die Kristallkugel, der Wassertropfen und sein Weg.

Im Baum

Die zwölf Brüder

Es war einmal ein König und eine Königin, die lebten in
Frieden miteinander und hatten zwölf Kinder, das waren
aber lauter Buben. Nun sprach der König zu seiner Frau:
„wenn das dreizehnte Kind, was du zur Welt bringst, ein
Mädchen ist, so sollen die zwölf Buben sterben, damit sein
Reichtum groß wird, und das Königreich ihm allein zu-
fällt." Er ließ auch zwölf Särge machen, die waren schon
mit Hobelspänen gefüllt, und in jedem lag das Totenkißchen, und ließ sie in eine verschlossene Stube bringen;
dann gab er der Königin den Schlüssel und gebot ihr, niemand etwas davon zu sagen.

Die Mutter aber saß nun den ganzen Tag und trauerte, so
daß der kleinste Sohn, der immer bei ihr war, und den sie
nach der Bibel Benjamin nannte, zu ihr sprach: „liebe Mutter, warum bist du so traurig?" – „Liebstes Kind", antwortete sie, „ich darf dir's nicht sagen." Er ließ ihr aber keine
Ruhe, bis sie ging und die Stube aufschloß und ihm die
zwölf mit Hobelspänen schon gefüllten Totenladen zeigte.
Darauf sprach sie: „mein liebster Benjamin, diese Särge hat
dein Vater für dich und deine elf Brüder machen lassen;
denn wenn ich ein Mädchen zur Welt bringe, so sollt ihr al-
lesamt getötet und darin begraben werden." Und als sie
weinte, während sie das sprach, so tröstete sie der Sohn und
sagte: „weine nicht, liebe Mutter, wir wollen uns schon helfen und wollen fortgehen." – Sie aber sprach: „geh mit deinen elf Brüdern hinaus in den Wald, und einer setze sich
immer auf den höchsten Baum, der zu finden ist, und halte
Wacht und schaue nach dem Turm hier im Schloß. Gebär'

ich ein Söhnlein, so will ich eine weiße Fahne aufstecken, und dann dürft ihr wiederkommen: gebär' ich ein Töchterlein, so will ich eine rote Fahne aufstecken, und dann flieht fort, so schnell ihr könnt, und der liebe Gott behüte euch. Alle Nacht will ich aufstehen und für euch beten, im Winter, daß ihr an einem Feuer euch wärmen könnt, im Sommer, daß ihr nicht in der Hitze schmachtet."

Nachdem sie also ihre Söhne gesegnet hatte, gingen sie hinaus in den Wald. Einer hielt um den anderen Wacht, saß auf der höchsten Eiche und schaute nach dem Turm. Als elf Tage herum waren, und die Reihe an Benjamin kam, da sah er, wie eine Fahne aufgesteckt wurde: es war aber nicht die weiße, sondern die rote Blutfahne, die verkündigte, daß sie alle sterben sollten. Wie die Brüder das hörten, wurden sie zornig und sprachen: „sollten wir um eines Mädchens willen den Tod leiden! Wir schwören, daß wir uns rächen wollen: wo wir ein Mädchen finden, soll sein rotes Blut fließen."

Darauf gingen sie tiefer in den Wald hinein, und mitten drein, wo er am dunkelsten war, fanden sie ein kleines verwünschtes Häuschen, das leer stand. Da sprachen sie: „hier wollen wir wohnen, und du, Benjamin, du bist der jüngste und schwächste, du sollst daheim bleiben und haushalten, wir andern wollen ausgehen und Essen holen." Nun zogen sie in den Wald und schossen Hasen, wilde Rehe, Vögel und Täuberchen, und was zu essen stand: das brachten sie dem Benjamin, der mußte es ihnen zurechtmachen, damit sie ihren Hunger stillen konnten. In dem Häuschen lebten sie zehn Jahre zusammen, und die Zeit ward ihnen nicht lang.

Das Töchterchen, das ihre Mutter, die Königin, geboren hatte, war nun herangewachsen, war gut von Herzen und schön von Angesicht und hatte einen goldenen Stern auf der Stirne. Einmal, als große Wäsche war, sah es darunter zwölf Mannshemden und fragte seine Mutter: „wem gehören diese zwölf Hemden, für den Vater sind sie doch viel zu klein?" Da antwortete sie mit schwerem Herzen: „liebes

Kind, die gehören deinen zwölf Brüdern." – Sprach das Mädchen: „wo sind meine zwölf Brüder, ich habe noch niemals von ihnen gehört." – Sie antwortete: „das weiß Gott, wo sie sind: sie irren in der Welt herum." Da nahm sie das Mädchen und schloß ihm das Zimmer auf und zeigte ihm die zwölf Särge mit den Hobelspänen und den Totenkißchen. „Diese Särge", sprach sie, „waren für deine Brüder bestimmt, aber sie sind heimlich fortgegangen, eh' du geboren warst", und erzählte ihm, wie sich alles zugetragen hatte. – Da sagte das Mädchen: „liebe Mutter, weine nicht, ich will gehen und meine Brüder suchen."

Nun nahm es die zwölf Hemden und ging fort und geradezu in den großen Wald hinein. Es ging den ganzen Tag, und am Abend kam es zu dem verwünschten Häuschen. Da trat es hinein und fand einen jungen Knaben, der fragte: „wo kommst du her, und wo willst du hin?" und erstaunte, daß sie so schön war, königliche Kleider trug und einen Stern auf der Stirne hatte. – Da antwortete sie: „ich bin eine Königstochter und suche meine zwölf Brüder und will gehen, soweit der Himmel blau ist, bis ich sie finde." Sie zeigte ihm auch die zwölf Hemden, die ihnen gehörten. Da sah Benjamin, daß es seine Schwester war, und sprach: „ich bin Benjamin, dein jüngster Bruder." Und sie fing an zu weinen vor Freude, und Benjamin auch, und sie küßten und herzten einander vor großer Liebe. Hernach sprach er: „liebe Schwester, es ist noch ein Vorbehalt da, wir hatten verabredet, daß ein jedes Mädchen, das uns begegnete, sterben sollte, weil wir um ein Mädchen unser Königreich verlassen mußten." – Da sagte sie: „ich will gerne sterben, wenn ich damit meine zwölf Brüder erlösen kann." – „Nein", antwortete er, „du sollst nicht sterben, setze dich unter diese Bütte, bis die elf Brüder kommen; dann will ich schon einig mit ihnen werden." Also tat sie; und wie es Nacht ward, kamen die andern von der Jagd, und die Mahlzeit war bereit. Und als sie am Tische saßen und aßen, fragen sie: „was gibt's Neues?" – Sprach Benjamin: „wißt ihr nichts?" – „Nein", antworteten sie. – Sprach er weiter: „ihr seid im Walde gewesen und ich bin daheim geblieben und weiß doch mehr als ihr." – „So erzähle uns", riefen sie. – Antwortete er: „versprecht ihr mir auch, daß das erste Mädchen, das uns begegnet, nicht soll getötet werden?" – „Ja", riefen sie alle, „das soll Gnade haben, erzähl uns nur." – Da sprach er: „unsere Schwester ist da", und hub die Bütte auf, und die Königstochter kam hervor in ihren königlichen Kleidern, mit dem goldenen Stern auf der Stirne, und war so schön, zart und fein. Da freuten sie sich alle, fielen ihr um den Hals und küßten sie und hatten sie von Herzen lieb.

Nun blieb sie bei Benjamin zu Haus und half ihm in der Arbeit. Die elfe zogen in den Wald, fingen Gewild, Rehe, Vögel und Täuberchen, damit sie zu essen hatten, und die Schwester und Benjamin sorgten, daß es zubereitet wurde. Sie suchte das Holz zum Kochen und die Kräuter zum Gemüs und stellte die Töpfe ans Feuer, also daß die Mahlzeit immer fertig war, wenn die elfe kamen. Sie hielt auch sonst Ordnung im Häuschen und deckte die Betten hübsch weiß und rein, und die Brüder waren immer zufrieden und lebten in großer Einigkeit mit ihr.

Auf eine Zeit hatten die beiden daheim eine schöne Kost zurechtgemacht, und wie sie nun alle beisammen waren, setzten sie sich, aßen und tranken und waren voller Freude. Es war aber ein kleines Gärtchen an dem verwünschten Häuschen, darin standen zwölf Lilienblumen, die man auch Studenten heißt; nun wollte sie ihren Brüdern ein Vergnügen machen, brach die zwölf Blumen ab und dachte, jedem aufs Essen eine zu schenken. Wie sie aber die Blumen abgebrochen hatte, in demselben Augenblick waren die zwölf Brüder in zwölf Raben verwandelt und flogen über den Wald hin fort, und das Haus mit dem Garten war auch verschwunden. Da war nun das arme Mädchen allein in dem wilden Wald, und wie es sich umsah, so stand eine alte Frau neben ihm, die sprach: „mein Kind, was hast du angefangen? Warum hast du die zwölf weißen Blumen nicht stehen lassen? Das waren deine Brüder, die sind nun auf immer in Raben verwandelt!" – Das Mädchen sprach weinend: „ist denn kein Mittel, sie zu erlösen?" – „Nein", sagte die Alte, „es ist keins auf der ganzen Welt als eins, das ist aber so schwer, daß du sie damit nicht befreien wirst; denn du mußt sieben Jahre stumm sein, darfst nicht sprechen und nicht lachen, und sprichst du ein einziges Wort, und es fehlt nur eine Stunde an den sieben Jahren, so ist alles umsonst, und deine Brüder werden von dem einen Wort getötet."

Da sprach das Mädchen in seinem Herzen: „ich weiß gewiß, daß ich meine Brüder erlöse", und ging und suchte einen hohen Baum, setzte sich darauf und spann und sprach nicht und lachte nicht. Nun trug's sich zu, daß ein König in dem Walde jagte, der hatte einen großen Windhund, der lief zu dem Baum, wo das Mädchen drauf saß, sprang herum, schrie und bellte hinauf. Da kam der König herbei und sah die schöne Königstochter mit dem goldenen Stern auf der Stirne und war so entzückt über ihre Schönheit, daß er ihr zurief, ob sie seine Gemahlin werden wollte. Sie gab keine Antwort, nickte aber ein wenig mit dem Kopf. Da stieg er selbst auf den Baum, trug sie herab, setzte sie auf sein Pferd und führte sie heim. Da ward die Hochzeit mit großer Pracht und Freude gefeiert: aber die Braut sprach nicht und lachte nicht. Als sie ein paar Jahre miteinander vergnügt gelebt hatten, fing die Mutter des Königs, die eine böse Frau war, an, die junge Königin zu verleumden, und sprach zum König: „es ist ein gemeines Bettelmädchen, das du dir mitgebracht hast, wer weiß was für gottlose Streiche sie heimlich treibt. Wenn sie stumm ist und nicht sprechen kann, so könnte sie doch einmal lachen, aber wer nicht lacht, der hat ein böses Gewissen." Der König wollte zuerst nicht daran glauben, aber die Alte trieb es so lange und beschuldigte sie so viel böser Dinge, daß der König sich endlich überreden ließ und sie zum Tod verurteilte.

Nun ward im Hof ein großes Feuer angezündet, darin sollte sie verbrannt werden: und der König stand oben am Fenster und sah mit weinenden Augen zu, weil er sie noch immer so lieb hatte. Und als sie schon an den Pfahl festgebunden war, und das Feuer an ihren Kleidern mit roten

Zungen leckte, da war eben der letzte Augenblick von den sieben Jahren verflossen. Da ließ sich in der Luft ein Geschwirr hören, und zwölf Raben kamen hergezogen und senkten sich nieder: und wie sie die Erde berührten, waren es ihre zwölf Brüder, die sie erlöst hatte. Sie rissen das Feuer auseinander, löschten die Flammen, machten ihre liebe Schwester frei und küßten und herzten sie. Nun aber, da sie ihren Mund auftun und reden durfte, erzählte sie dem Könige, warum sie stumm gewesen wäre und niemals gelacht hätte. Der König freute sich, als er hörte, daß sie unschuldig war, und sie lebten nun alle zusammen in Einigkeit bis an ihren Tod. Die böse Stiefmutter ward vor Gericht gestellt und zum Tode verurteilt.

INFORMATION

Der Baum –, der hohe Baum mitten im Walde:
Dieser ungewöhnliche Aufenthaltsort, Repräsentant für eine Abstandnahme, Lauschen und Besinnen, ist am klarsten zu erfassen in den Märchen von den sechs Schwänen und von den 12 Brüdern (Grimm). Aber dasselbe Erleben ist mitgemeint in den vielen Zwischenstationen „im Wald". Sie werden gezeigt in den Märchen und in manchen Sagen, der Geschichte von Genoveva und dem Bericht von Parzivals Jugend mit seiner Mutter Herzeleyde im Wald. – So steht die Erfahrung der Zeit „im Baum" in dem Märchen von den *sechs Schwänen*.

Da jagt ein König im Wald, getrieben von der Jagdbegier verirrt er sich, es ist der Zauberwald, nicht die Lehrstube der Seele. Die Zauberin, die dem König den Weg zeigt, zwingt ihm zugleich ihre „Tochter", ihre bannenden Kräfte auf. Er nimmt sie mit, aber die Gefahr für seine guten Eigenkräfte – seine sieben Kinder – ahnend, versteckt er die Kinder, in einem Haus im Wald. Die Frau findet den Weg dorthin und wirft den sechs Brüdern ihre Zauberhemden über: da fliegen sie fort hoch hinaus als sechs Wildschwäne. Das siebente

Kind aber, das Mädchen, die aufmerksame Seelenkraft, war der Hexung entgangen. Daß die Siebenzahl hier spielt, geschieht ja oft in der alten Symbolik, die den sieben Wochentagen, dem Siebenerrhythmus der Jahrsordnung also, ein Eigengewicht ablauschte. Pythagoras einst (um 700 v. Chr.) hatte die Sieben den „kairós" genannt, die Entscheidungssekunde zwischen alter und neuer Runde. In der Tonleiterfolge klingt in der Septime in leiser Dissonanz schon die Tönung der nächsten Oktave an. Hier entscheidet es das Mädchen. Es sucht die Brüder, findet sie im tiefsten Wald „im Räuberhaus", verstrickt in Ungewißheit, nur kurz als Menschen aufleuchtend. Sie sagen: du kannst uns nur erlösen, wenn du sechs Jahre stumm und ohne zu lachen leben kannst, und indessen sechs Hemden aus weißen Sternblumen nähst. Dann sind wir im siebenten Jahr frei. Das Mädchen beginnt, es steigt hinauf in den Baum und sitzt dort und spinnt den Stoff für die Hemden. Es steigt nur herunter, um Früchte und Wurzeln und Beeren zur Nahrung zu holen und die weißen Sternblumen, diese auf das Erdreich gespiegelten Sternkräfte. Es kommt der König, die junge Königskraft kommt zum Zuge. Auf der Jagd in seinem Wald findet er die schöne Seele, nimmt sie nachhaus, aber sie spricht nicht und lacht nicht. Da ist die böse Gegenkraft in der Königsnatur, „die alte Mutter", sie nimmt der jungen Frau die drei Kinder fort, die sie gebärt, und verleumdet sie als eine unbegreifliche schlimme Störerin der Ordnung. Endlich widersteht der König nicht mehr, seine irdische Logik siegt über die Stimme seiner Ahnungen von dem Prozeß, der sich da abspielt mit dem Nähen der Gewänder. Das siebente Jahr ist gekommen, der Scheiterhaufen ist aufgeschichtet im Schloßhof, die Geopferte ist festgebunden, die Flammen werden entfesselt. Da schwirrt es durch die Luft, die sechs mächtigen Schwäne kommen geflogen, es sind auf dem Erdboden, ihn berührend und von den Gewändern umfaßt, nun die Menschenbrüder, die erdverbundenen Kräfte, sie löschen das Feuer, alles wird erkannt, und alle leben miteinander in sinnvoller Einheit wirkend im ganzen Bereich.

Das Symbol „*Schwan*" galt seit je, seit den alten indischen Veden und im ganzen europäischen Bereich als Symbol für die reine Geistigkeit, das Geistwesen des Menschen. Das Bild war dem großen Bild der Wildschwäne abgelesen. Fliegen sie ungeordnet unfreiwillig davon, wie die Brüder, so ist diese Geistigkeit beziehungslos zur Erde. Aber die aufmerksame Seele-Schwester „näht die Gewänder", um auf der Erde die Schwankräfte wirken lassen zu können.

Den komplementären Aspekt gibt das Märchen von den *zwölf Brüdern,* in dem die Brüder *Raben* werden, die rings im Raum der zwölf Tierkreiszeichen Informationen sammeln, aber die Zusammenfassung im Fragezentrum Mensch erst gewinnen müssen. Sie hatten nur eine naive Verbindung zum Geist, zur Sinnhaftigkeit, im Bild: „die Lilien" im Garten waren ihr Repräsentant. Der Mensch darf aber nicht naiv bleiben, will er verantwortend werden. Die Lilien werden gebrochen, – spielerisch, aber mit der Notwendigkeit des Werdewegs. Man sah stets in der weißen duftenden Lilie das Sinnbild der Reinheit, also dann auch der Maria. Aber diese naive Reinheit muß umgewandelt werden in wissende Kraft. Jetzt beginnt die Zeit der „sieben Jahre" der Besinnung und der Prüfung, im Baum erst, dann im Alltag, immer im Schweigen. Auf dem Scheiterhaufen in der Feuerprobe wird die freie Verfügbarkeit aller Kräfte gewonnen, und nur so.

VORBEREITUNG

Wie immer im Märchen, muß man, um den Gewinn zu haben, alle Personen in sich selbst finden können, mehr oder minder stark noch oder schon wirksam. Der seltsame Anfang der Geschichte von den zwölf Brüdern fängt die Spannung zwischen „den Zwölf und dem Dreizehnten" ein. Sie ist in allen Kulturen bekannt. Es ist das Erlebnis der 12 Sonnenmonate mit der Innenstruktur der 13 Mondmonate darin wirksam. Man erzählte im alten Griechenland von der 13. Göttin, die den Entscheidungs-Apfel warf, der mit dem Krieg um Troia die neue historische Bewußtseins-epoche unserer Kultur einleitete. Man wußte, daß diese 13. Kraft hier „Eris" hieß, also eben „Zwiespalt". Aber man kannte auch den König Artus als den guten leitenden 13. über der Tafelrunde der 12 Ritter, die rings im Land Ord-nung fügten. Man weiß von Christus als dem 13. über den 12 Jüngern. Im alten Amerika kannten die Azteken in ihrem Kalender die 13. Tagesstunde, deren Symbolum der Schmetterling war, also die verpuppende und immer ver-wandelnde Kraft. Ein keltisches Märchen aus Irland be-richtet, es müsse immer der Dreizehnte der Schicksalsher-rin übergeben werden, in die Strenge einer besonderen Klärungsaufgabe geworfen. Und so hat die Dreizehnte, die Schwester im Märchen hier als ihr Zeichen „den Stern auf der Stirn". Sie holt die umherschweifenden Rabenkräfte im Mittelpunkt des Menschen zusammen. Dazu muß sie durch die Lehre „im Baum" durchgehen, schweigend, horchend. In diese Prüfung wirft „der Vater" im Menschen, hier als der Prüfer erfaßt, den Menschen, die Seele hinein.

Wer das Glück hatte, als Kind manchmal in einem Baum sitzen zu können, erinnert sich an das Ruhen in diesem le-benden Getragensein. Mancher kann es in den Ferien kurz erfahren, mancher hat im Garten „seinen" Baum, in dessen Ästen er sitzen, lesen, horchen, nichts als „sein" kann. Aber der Baum im tiefen Wald des Märchens meint mehr. Man kann die ungeheure Ruhe und Kraft des „Lebensbaums" darin erfahren. Als „Lebensbaum" benannt wußte man das auch als die Achse zwischen dem Erdreich und dem krei-senden Gewölbe des Polarsterns. Die Lebenskräfte fühlt man in ihm um sich herum leise strömen, durchatmet von Luft und Licht, von den Säften durchzogen, die dicht unter der Rinde steigen und die Stärke des Stammes immer höher hinauf bauen. Die Ruhe des uns durchwirkenden Lebens-prozesses fühlt man ganz durchatmend, so im Baum sit-zend. Man erkennt allmählich das leise Leben des Chemis-mus in den Pflanzen. Die Lebensganzheit erfährt man, im ruhigen Atmen klingt sie aus. Man identifiziert sich mit dem Baum, es gibt das Gefühl der Festigkeit des Stamms wie in der eigenen Wirbelsäule.

Die mächtige Kraft des Wachstums lernt man erkennen, die die Menschengröße weit überschreitet, aber so zur Hülle der Erde wird. Man erlebt, still im Baum, die grüne Üppigkeit der hohen und niederen Gebüsche ringsherum, man hört die Stimmen und schaut die rasche Bewegtheit der Tiere ringsherum: die Vögel, die Rufe der Rehe, das Bellen der Füchse, das Grunzen der im Erdreich wühlenden Wildschweine. Man erlebt die kreisenden Gestirne der Nacht, das helle starke Licht des Morgens, die Röten des Abends. Die den Menschen auslöschende Dynamik der Wetterwechsel vollzieht sich um den Baum, der schwankt und rauscht. Da ist das „Für-sich-sein" der Natur mit ihren kosmischen Gewalten plötzlich offenbar, fremde Dimensionen aufreißend. Etwas von solchem Erlebnis der Gewalt fing Gottfried Keller im Gedicht „Waldlied" auf: ... *„kam es her in mächtgem Zuge, schwoll es an zu breiten Wogen, / hoch sich durch die Wipfel wälzend kam die Sturmesflut gezogen"*. Stärker fing es Lenau in seinem „Waldlied" ein, zu Merlin, dem Naturmeister und Gründer der Artus-Runde sich hindenkend: *„Wie Merlin / möcht ich durch die Wälder ziehn; / was die Stürme wehen, Was die Donner rollen / und die Blitze wollen, / was die Bäume sprechen, / wenn sie brechen, / möcht ich wie Merlin verstehen, ... Stimmen, die den andren schweigen, / jenseits ihrer Hörbarkeiten, / hört Merlin vorübergleiten, / alles rauscht im vollen Reigen. / ... Rieseln hört er, springend schäumen, / Lebensfluten in den Bäumen. / ... Klingend strömt des Mondes Licht / auf die Eich und Hagerose, / und im Kelch der feinsten Moose / tönt das ewige Gedicht."*

Und manchmal erscheint kräftig leuchtend der Regenbogen, die sieben Farben in der regentropfenden durchsonnten Atmosphäre entfaltend. Hinter den fernen Hügeln springt er herauf wie ein Strahl und durch den Wald sinkt er ins unsehbare tiefer gelegene Land, die Erde umrundend.

Die alten Ägypter zeigten manchmal die Isis – die Verwalterin und Lehrerin aller Kräfte, mit denen man das Leben meistert –, in dem Lebensbaum, oder als Lebensbaum, aus dem heraus sie den Pharao säugt. Indem der Pharao so die kosmisch-irdische Einheit der Kräfte erfühlen und in sich aufnehmen lernt, wird er selbst als göttlich-geistige Kraft wach zum Horus, zu einem Sohn der Isis. Als ein solcher Horus, im Symbol des Falken gezeigt aus dem Kosmos, aus den Himmeln in raschem Flug die Impulse bringend, wird er fähig, seinen Umkreis zu verwalten, und

Isis erscheint in Form eines heiligen Baumes
und säugt den König (Grab Thutmosis' III.).

seine Kräfte lehrend weiter ins Breite auszustrahlen, lehrendes Vorbild zu sein.

Zwischen dem starken Streben des Wurzelwerks nach unten in die Erde, ihre Mineralien, ihre Hülle, und dem starken Hochsteigen der Stämme ins Licht geschieht das rundende Ausbreiten des Blattwerks, geschieht das duftende Blühen, das Fruchttragen, das Vergehen und neu Entstehen. Dies Mittelreich ist zwischen oben und unten entfaltet, seine Differenzierungen erkennend erlebt man den ungeheuren Reichtum der Stimmen und Gestalten, die sich da aussagen. Man kann dies alles in sich hinein eintreten lassen. Man ist, im Baum wohnend, ganz einbezogen.

ÜBUNG

Einklang

Die eindringende Fülle des Seins in seiner um mich herum geschehenden Lebendigkeit erweist sich durch alle seine Dissonanzen hindurch als mächtige Harmonie. Aus diesem Klang der Mitte kann man die Verästelungen des Gezweigs als die eigenen Verästelungen des inneren Nerven- und Adersystems wie nach innen gespiegelte Kraft fühlen. Das ruhige Wachstum geschieht ja, es geschieht lautlos –, nur von außen im Winde bewegt. Das ruhige Wachstum geschieht, das unendliche Vertrauen ist möglich. Die Ruhe des Atems kann wirken. Die Wirbelsäule steigt und trägt wie der Baumstamm, geschmeidig und fest zugleich. – So fühlt man um sich herum die gleichmütige Ruhe der Lebenskräfte wirken, in denen man einbezogen ist. Man läßt die Kraft des Vertrauens in sich zur Ruhe werden. In der Ruhe, dem nun gleichmütigen Atem, hört man die Harmonie, ihre Gewalt, ihre leisen Schönheiten, ihre lauten Schönheiten, ihren Einklang.

Das Schweigen

INFORMATION

Das Schweigen –, es ist das zweite Thema des vorigen Märchens, der dazugehörige andere Aspekt, gültig für die Verhüllung in Raben wie in Schwäne (in Grimms Märchen von
den sechs Schwänen erzählt).

Das zur Meditation gehörige Schweigen ist etwas anderes als das Schweigen in der Tätigkeit des Alltags, das im
Märchenbild gemeint ist. Sieben Jahre Schweigen, heißt es
da – oder sechs Jahre, aber auch da geht es um das „im
7. Jahr" ist die Stunde reif –, dann kannst du einseitig flat-
ternde Kräfte in einer neuen, vorher nicht gekannten Ganzheit gewinnen. Es gibt Mönchsorden, in denen das geübt
wird, so etwa den Kartäuser-Orden: er entstand 1084
n. Chr. in Südwestfrankreich in der großzügigen Land-
schaft über den See-Alpen bei Grenoble und breitete sich in
Europa aus. Die Mönche leben in kleinen Einzelhäusern
(die Nonnen der Frauenklöster im Gemeinschaftshaus), sie
müssen sich ihre Lebensnotwendigkeiten selber besorgen,
sind also tätig im Alltag. Es gab auch schon viel früher in
den Kulturen des Vorderen Orients Schulungsgruppen, aus
denen später die Berater der Staatslenker kamen –, ihre Er-
ziehungsmethode forderte ein weitgehendes Schweigen,
also besinnen, das Gehörte ausklingen lassen, nicht unge-
reifte Urteile herauswerfen.

In den Märchen aber ist gar keine Aussonderung aus dem
Alltag gemeint, sondern ein starkes willentliches Verhalten
im vollen Alltag. Alles nötige Tun und Erleben im Tag und in
der Nacht muß man tun und erleben, ohne mit Worten oder
Lachen Urteile zu geben. Alles voreilige Geschwätz ist ver-
mieden, man hört die Hintergründe mit. Damit ist nicht nur

die Anforderung an das rechte Richteramt erfüllt, im Klage-
fall das „audiatur et altera pars", man höre die andere Seite
auch, sondern eine ganze Skala von leisen Strömungen wird
hörbar. Aber es ist eine harte Übung, nur mit Willen und viel
Interesse am Sein zu leisten, und mit dem Gleichmut das Un-
verstehen der Umwelt hinzunehmen.

Im Märchensymbol sind das die Bedingungen, um einmal das Rabe-Sein und zum andern das Schwan-Sein zur
Mitte heranzuholen. Man muß zuerst die Bilder nacherleben. Die *Raben* wohnen meist nur in Osteuropa, wir im Westen haben dafür die Krähen. Die Raben sind größer,
stärker, mit einem leuchtenden Schwarz des Gefieders und
einer mächtigen Stimme. Die Krähen sind in allem blasser,
aber doch kann man das Gemeinte auch an ihnen wahrnehmen. So findet man: sie sammeln sich des abends wenn es
zu dämmern beginnt aus allen Richtungen her auf ihren
Schlafbäumen, großen herausragenden Bäumen an den
Waldrändern und Gehölzen. Über tag verteilen sie sich, als
einzelne oder in ganz kleine Gruppen über die Felder und
Baumwiesen und Wälder. Man erlebte sie als ein Symbolum des Nachrichtensammelns, der Information. Von dem
Leitgeist der germanischen Stämme in Europa, von Odin
wurde gesagt, daß zwei Raben ihm die Nachrichten bräch-
ten von den Menschen, man nannte sie Hugin und Munin,
das aber heißt etwa Denken und Erinnern, beobachtend
wahrnehmen, und besinnend es erinnern können. In dem
Übungsweg der Mithras-Einweihung hieß der 1. Grad der
des Raben. Diese Lehrmethode kam aus dem alten Iran,
Mithras d. h. Mittler, der den Menschen zwischen Erde und
Geist orientieren half, wurde als Lehrmeister in der römischen Kaiserzeit weit durch Europa verbreitet, wir kennen
die Mithräen etwa bei Heidelberg gut, in die Erdhöhlungen
eingetieft stets an Quellen zentriert erlebten die Anwärter
der höheren Ränge ihre Lehren. Der erste Grad ist immer
die weitgespannte Aufmerksamkeit, das Zusammentragen
des Beobachteten, das man im innersten Gemüt erlebt, aber
doch schon zielt auf die darin wirkende Ganzheit, die man

erkennen und meistern möchte. Es ist die Gefahr dabei, daß die Kräfte sich vergeuden im nur neugierigen oder nicht mehr zielenden Trudeln.

Da hilft nur die Übung des Schweigens (= dem 2. Grad als „Myste" d. h. „Verhüllter"), die „Schwester" leistet sie, die Seelenkraft im Menschen, die die Kraft des Fühlens bändigen kann. Es ist die Möglichkeit des weiblichen Elements im Menschen. Die Mithras-Grade wurden einst auch als kultisches Drama aufgeführt, da flügelten riesige Raben-Menschen, Zentrum war das Bild des Mithras, der die bloß vitale Stierkraft bändigt, den Stier opfert als die Substanz, aus der er die Erde in ihrer differenzierten Ganzheit schafft. So ist Schweigen auch Mutkraft.

Und es führt auch dazu, daß man die andere Gefahr meistert, statt des Verstrickens in die informative Neugier im Materiellen nun die Gefahr des Träumens in eine Geistsphäre, die man nicht wirklich erworben hat. Da ist nötig „das Nähen der irdischen Gewänder" für die als Schwäne hoch hinaus fliegenden Schwebekräfte einer Fluchttendenz. Daß seit je der *Schwan* Symbolum für das höchste Geistige, den Geistkern des Menschen war, wurde schon gesagt. Das ist so in den Texten der philosophierenden Veden des alten Indiens gebraucht, der Schwan ist eben der „Leibbewohner". Und auch vom Apollon, dem großen Lehrer Europas in der griechischen Stufe, hieß es, daß er ein Drittel des Jahres nicht im Lehrzentrum Delphi verbrachte, sondern „im Schwanenwagen" in den fernen Norden, also in das Gebiet der kühlen reinen Geistigkeit flog. Die in der Gestalt von Schwänen kommenden und sich als Seelenlehrerin offenbarenden Wesen sind in vielen Sagen Urmütter, Urinspiratoren der Helden wie etwa Wieland des Schmieds (in der Edda Wölundur genannt).

So ist in der Spanne zwischen Rabe- und Schwan-Sein die ganze Aufrichtekraft des Menschen geläutert zu finden, und endlich ist die schöpferische Fähigkeit freigeübt. Es ist damit das *„Lilie-Sein"*, wie es naiv im Verzauberungszustand der 12 Brüder im Märchen gezeigt wird, freie geistige

Verfügbarkeit geworden. Die weiße Lilie galt immer als Symbol einer erdfernen reinen aber naiven Verbundenheit zum Geist. Im Neuen Testament kommt der Erzengel Gabriel zur Maria, der Jungfrau, und verkündigt ihr die Geburt eines besonderen Sohnes, des Jesus, der dann Christus wurde. Alle Darstellungen der folgenden Zeit zeigten diesen Engel mit einer Lilie in der Hand. Die Lilie ist ein sog. Knollengewächs, sie hat also ein ganz eigenes, aus der allgemeinen Bodenstruktur herausgelöstes Rund als eine Art nur in die Erde hereingesenkte Tastfigur. Mit ihren zweimal drei Blütenblättern empfand man die Dreizahl in ihr repräsentiert als eine Grundordnungzahl der rhythmischen Abläufe des Seins: die Dialektik aus These-Antithese-Synthese, und so fort. Aber solche Strukturen müssen bewußt werden. Die Lilien im Garten der Rabenbrüder müssen gebrochen, ihre Kraft durch die Schweigezeit hin muß ins Bewußtsein geholt werden.

VORBEREITUNG

Die Kunst des Zuhörens üben, würde vieles in unserer Welt in Ordnung bringen, voran bringen. Das Zuhören bedeutet nicht Selbstaufgabe, sondern Erweiterung des Wahrnehmungsraums. Es ist nicht leicht, wenn man Gegenüber hat, die keine Hemmungen einschalten können sondern mit ihrem Atem auch ihre Sprache ausschleudern. Das läuft dann dahin wie Wasser durch gebrochene Schleusen, aber es ist nicht Lebenswasser sondern Geschwätz, weil ohne die Ruhe zur Urteilsbildung. Und doch kann die unrührbare Geduld des Zuhörens, des Ablaufenlassens, endlich den anderen Menschen in sich selbst wach machen. Aber das pädagogische Handeln ist nicht das Wesen des Schweigens, um das es hier geht. Nicht alle Menschen sind süchtig im Schwätzen. Es geht für den Schweigenden um das Wahrnehmen alles anderen Seins, so genau und im feinsten Fadenwerk, daß allmählich alle raschen und infolgedessen falschen Urteile wegfallen. Auch das Lachen soll man nicht sich gestatten, so ist die Forderung der Märchen. Das nimmt, wenn es Lachen der Freude ist, diese Kraft ganz nach innen, wird dort auch Erkenntnis. Wenn es aber Ausflucht ist, um über Unklarheiten heiter hinweg zu springen, so geschieht im Nichtlachen eben weitere Klärung. Ist es aber ein Auslachen, so ist es jedenfalls das beste, es nicht zu tun. Die Basis aller Menschenverständigung ist die Achtung vor dem Andern, vor dem Menschen immer. Dazu gehört das Abwarten, das Achten auf das, was im anderen Menschen im Grunde wirkt, was ihn so oder so bedingt.

Wer Schweigen übt und Nichtlachen, gewinnt die Zeit, um die Dinge und die Menschen objektiv in ihrem Sosein zu ertasten, erhorchen, erkennen zu können. Das ist garnicht langweilig, es gibt immer mehr Fülle, Reichtum an Erleben. Aber, und das eben gehört zum Erkennen des Menschseins, es gibt auch ein Erschrecken. Denn man erkennt ausfluchtlos das in uns und über uns waltende Böse. Es gibt uns zuerst die leise Traurigkeit, indem man erkennt, was man im alten Indien nannte die trilakashana, die drei Merkmale alles Seins: unbeständig, leidvoll, Nicht-Ich. – Dieses Nicht-Ich-Sein meint hier das nicht gerafft sein in einem verantwortendem Zentrum. Man ist irrtumsgefährdet, und so wird man verführbar, um das Böse zu tun. Das Böse ist alles, was lichtdurchlässige Gestalt zerstört. Aller süchtige Geltungswille saugt das Licht aus der Welt. Alle Machtsucht zerstört die Würde des Lebens anderer Menschen, ihre eigene Leuchtfähigkeit. Alle Sucht des Quälens verpestet die Luft. Die Versuchung durch das Böse ist immer bereit, in leisen und in harten Süchten.

Im Märchen ist es nur im Bild der bösen alten Mutter gezeigt. Da ja alle Figuren in mir, in jedem Menschen selbst aufzusuchen sind, ist die Verführbarkeit des Königs, des eigentlich zur Erkenntnis strebenden aktiven Seins im Menschen also, faßbar in dem murmelnden Schwätzen der Trägheitskräfte, die das unbequeme Wahrheitssuchen quälen, verleumden, verbrennen wollen. Nur der lange Widerstand des Muts erhält die Kraft des Schweigens für jene sieben Jahre, die man immer als einen Verwandlungsrhythmus im Menschen wußte. In sieben Jahren, sagt man, ist keine Faser im Leib mehr dieselbe wie vordem. Und so auch wandelt sich sein Wesen, sein Verstehenkönnen, seine Art zu handeln: wenn er das will. Wenn er das will. Wenn er also die Geduld und den enormen Mut zum langen Schweigen hat. Jeder kann es üben: zumindest in einer tieferen Ebene seines Verhaltens kann er es üben, und bis in sehr hohem Maß kann man das Schweigen, nicht lachen, nicht urteilen auch in äußeren Tagesablauf verwirklichen.

Dieser Vorgang der inneren Disziplinierung und der immer weiter ausgedehnten Genauigkeit und Fülle des Wahrnehmens ist in anderer Sicht gemeint mit der Übung vom „Achtfachen Weg", die der Buddha Gautama um 500 v. Chr. formulierte. Nur die Zielung ist anders. Dort wollte und will man sich durch die höchste Steigerung des Verhaltens befreien, von der Bindung an die irdischen Verkörperungsreihen, an das Gesetz des „karma", das aus unbedachten Handlungen sich ergibt. Hier im Westen will man das Leben nicht fliehen, sondern verantwortend aufnehmen in die Zukunft hinein.

Die acht Schritte, die der Buddha Gautama (Buddha ist eine Rangbezeichnung, heißt „der Erleuchtete") seinen Schülern benannte, sind Gesichtspunkte jedes Menschen, der frei werden will in der Steigerung seiner Kräfte. Aber sie wurden um 500 v. Chr. vom Buddha erstmals formuliert, also ins volle Bewußtsein gehoben. Man nennt sie kurz etwa so: 1. Die richtige Meinung bilden, genauer gesagt „vollkommene Anschauung", also was später Goethe als das urteilsfreie genaue Hinschauen forderte. Daraus folgt 2. ein richtiges Urteilen, 3. das richtige Wort, die rechte Äußerung dazu; 4. die richtige Handlung. Es folgt 5. die Fähigkeit den richtigen Standort zu erkennen im eigenen Hier-und-Jetzt. Es folgt 6. die Übung, die Gewohnheiten zu formen, und 7. das richtige Gedächtnis, also das richtige Verknüpfen der Erinnerungen. Das bedingt die 8. Übung:

„die richtige Beschaulichkeit", d.h. die Meditation. Das Ziel der Meditation nannte man im Osten den Zustand des „samadhi", das aber heißt exakt „Teile zu einem Ganzen verbinden". Es ist also kein fluchthaftes Verschweben, sondern ein höchstes Ganzheitserleben. Man kann es erreichen über dem langsamen Vollzug von fünf Stufen, die fünfte nannte man dhyana, das heißt Versenken. (Daraus entstand das Wort „Zen", und man erkennt nun, daß man die Zen-Übungen nicht abgeschnitten von den Vorstufen tun kann, ohne sie zum Leerlauf oder Fliehen zu verfälschen.)

Wenn man die acht Übungsaufgaben genau ansieht, fordern sie höchste Geduld und Aufmerksamkeit rings um sich herum. Sie gehören also durchaus in das Revier der Übung des Schweigens hinein. Da hat man die Stille, die nötig ist, um zu erkennen. Man kann jeden Abend den Tag mit leichter Hand und doch ganz aufmerksam zurückrollen lassen, und wird vieles erkennen. Der Gewinn ist ganz praktisch. Man hört ja, nach dem Schweigen und durch es, mehr als vorher, man hört die Gedanken im anderen Menschen, man fühlt seine Gefühle vorweg, man sieht den inneren Zustand und die Absichten des anderen Menschen wenn er nur ins Zimmer tritt. Wer in seinem Beruf mit vielen Menschen zusammen arbeiten muß, merkt bald den Gewinn seiner Übung. So hat eine Schulorganisation, die dem Lehrer nicht die Zeit zur Stille läßt, ihr Ziel nicht erkannt. Denn sich sinnhaft zurecht zu finden mit sich selbst, mit der Natur, mit der Dingwelt, zwischen den Mitmenschen, alles wächst aus der Kraft des Schweigens.

Wenn man nicht ausspricht, nicht weitersagt (auch nicht dem Freund), was man erlebt, erfühlt, erkennt, denkt, erinnert: so ist eine im Innern sich bildende Stärke die Folge. Man muß im Alltagsleben – außerhalb der bewußten Übung bestimmter Zeiten – die Grenzen dieses Stummbewahrens kennen, nicht erstarren, aber den Bezirk hüten. Man fühlt die Wichtigkeit dieser Stärkung bald, lernt das eigene Verhalten ruhig behaupten.

Es ist ja Wirkung des *Schweigens,* daß man ungewohnte Gedanken denken kann, man zerredet nichts sondern läßt ausreifen und sich anreichern. So kann endlich Ungewohntes wirklich werden. So wurde Europa durchgearbeitet von den Mönchen, die in der Ordensform des Benedikts von Nursia zusammen lebten und arbeiteten. Sie rodeten die Wälder, lehrten den Anbau von Gemüsen und Kräutern, lehrten das Wissen der Zeit, und meditierten, gemäß dem Anruf „Bete und arbeite" –. Benediktus aber, römischer Sohn aus verantwortender Familie, hatte einst sich in Erkenntnis einer Stockung der Zeit in das Schweigen zurückgezogen. Er stieg hinab in eine Höhle in den stachligen Wäldern am steilen Berghang, der zum Aniene in den Albaner Bergen hinab senkte. Ein Freund und seine Schwester Scholastika brachten ihm Brot und Wasser an einem Seil hinab in seine Erdstille. Als die Schwester ihn nach drei Jahren herausrief, hatte er die neue Form der Arbeitsgemeinschaften gefunden. Die Benediktiner-Regel (die Karl der Große dann breit einführte) und alle darauf folgenden Modifikationen machte die Durchformung Europas möglich, und dies Europa war ja die Ausstrahlbasis der modernen Wissenschaftskultur. In diese Höhle bei Subiaco kann man heute hineinsteigen durch ein knapp am Hang darüber gebautes Kloster, kann die Weite des Blicks und die Herbheit der Natur noch ahnen.

Jemanden durch die Übung des Schweigens zur Reife der Durchschau und Verantwortung wachsen zu lassen, das war Motto auch in einer der Geschichten aus „1001 Nacht", jener Sammlung aus gesamtabendländischer Tradition, 900 n. Chr. geformt. Da steht die Geschichte, die von der 578. bis zur 606. Nacht reicht, also nach einer zentralen Erkenntniskrise des ganzen Wegs. Es wird erzählt von dem Prinzen, der zwischen „der Tücke der Weiber" und „den sieben Weisen" seine Erfahrungen macht. Als alles in Verderbnis zu laufen scheint, legen die Weisen dem Prinzen die „sieben Tage Schweigen" auf. Es macht ihn reif: zum Durchschauen und nun zum tragenden Königsein. (Diese Geschichte stammt aus der indischen Überlieferung, aus alter indischer Erfahrung also.)

Schweigen öffnet ja auch den inneren Blick, um in der Außenwelt Dinge wahrzunehmen und zu erleben, die man vorher übersah. Anscheinend schlichte Vorgänge werden Anruf. Man sieht etwa braune gepflügte Äcker im späten Herbst und fühlt in ihnen die Kraft des Wartens, die reine Geduld zu warten durch die nötige Kälte hin, bis die neue Saat aufgenommen, grünes Leben und Frucht getragen, entfaltet werden kann. Man fühlt Kräfte in der Stummheit wirken. Eine Kraft aber wird es für den Schweigenden selbst. Davon sprachen im alten Ägypten Gebetsgespräche: sie kommen aus dem Mittleren Reich um 1500 v. Chr., das um das Zentrum Theben gebildet war. Dort wurde die Erkenntnis der Naturbedingungen des menschlichen Werdens durchdacht. Die Griechen holten ihre Wissenschaft über Medizin und Weltentstehung von dort, entwickelten sie weiter. Der Leitgeist, den die Forscher in Theben fühlten, wurde Amūn genannt d. h. der Verborgene, und sein Wesir, sein Beratungspartner und zugleich der Herr, der im Totengericht den Seelenbefund aufzeichnete, war Thot. Die Griechen sahen ihn als denselben „Boten" („angelos = Engel") an, den sie Hermes nannten, und sie nannten darum die Lehr- und Führungsstadt Theben Hermupolis, Hermesstadt. Die Schreiber dieses Forschungs- und Lehrtempels des Thot formten solche Gebete:

„Rette den, der schweigt, o Thot,
speise eine reine Quelle für den, der in der Wüste nach Wasser lechzt.
Sie ist für den Schwätzer geschlossen,
dem Schweigenden steht sie offen.
Wenn der Schweigsame voranschreitet,
findet er die Quelle.
Den, der vor Hitze glüht, erfrischst du wieder."

Den Schülern des verborgenen Gottes, Amūn, und seines Sprechers Thot gab die im Schweigen gefundene Quelle das

Wissen, das durch die Jahrtausende in vielen Fortwandlungen weiterwirkte.

ÜBUNG

Ich selbst

Auf neuer Stufe kann man nun versuchen, zu ertasten, daß das Denken eine Kraft ist, eben ein Abtasten, Umfassen, und ins Licht holen, und dadurch die Welt leise aber sicher verändern. Man kann wahrnehmen, daß Gedanken nicht nur dadurch Kräfte sind, daß der Mensch sie mit seinem Willen in Taten umsetzt. Sie sind auch Kräfte, wenn sie latent bleiben, verborgen. Jedes Jahrhundert hat seine Atmosphäre, die von den Gedanken seiner Menschen bestimmt ist, und die weiter wirkt in die Zukunft. Auch wenn man ein Symbol baut, um es als Hilfsmittel zur Konzentrationsübung zu haben, ist das ein Tun des Denkens: man holt die Beobachtungen heran, um sie „zusammenzuwerfen" (= symballein) und dadurch eine neue Formung, eine Metamorphose zu schaffen. Man kann das Ausstrecken der Gedanken-Arme spüren. Dann ist man gewarnt vor Mißbrauch, aber man ist vor allem ruhig im Gefühl einer Kraft, die man nun weiß.

Das Schweigen verstärkt insgesamt die Wesenskraft. Und aus der geübten, willentlich erst, dann voll Interesses durchgehaltenen Stille entsteht aus der Vielfalt der neuen Wahrnehmungen die Frage im Innern des Hörenden: in all diesem – was ist mein eigener Auftrag? Mein eigenes so und hier Wirken wird gefühlt, es wird zur ruhigen Kraft.

Das Gefühl der Stärke des Selbst-Seins wird eingefügt und mit dem Welt-Sein zugleich erlebbar. Wie immer ist der ruhige Atem Gewinn und Grundlage, um den vielgestaltig vibrierenden Reichtum des Selbst- und Welt-Seins durch sich hin geschehen zu lassen. – Solche Wahrnehmungen dauern kurze Zeiten, man darf sie nicht zerren wollen, aber sie wirken durch lange Zeit als Kraft weiter. –

Die Erfahrung der ruhigen Stärke des Selbst-Seins trägt.

Die drei Pferde

Die Tochter der Blumenkönigin

Es war einmal ein Königssohn, der ritt eines Tages hinaus auf die Jagd und kam mitten auf einer großen Waldwiese an einen langen, tiefen und breiten Graben. Er hielt sein Pferd an und wollte umkehren, als er im Graben jemand wimmern hörte. Er stieg vom Pferd und ging dem Ton nach und fand eine alte Frau, die bat ihn, er möge sie aus dem Graben heben. Der Königssohn stieg hinunter und holte die alte Frau herauf.

„Wie seid ihr in den tiefen Graben hineingeraten?" fragte er.

„Ach", sagte die Alte, „ich bin eine sehr arme Frau und machte mich gleich nach Mitternacht auf den Weg in die Stadt, um Eier zu verkaufen. Da verfehlte ich im Dunkeln den Weg und fiel in diesen Graben. Gott segne Euch."

Da sagte der Königssohn: „Ihr könnt kaum gehen! Ich will Euch auf mein Pferd setzen und nach Hause führen. Wo wohnt Ihr?"

„Dort, am Rand des Waldes, in der kleinen Hütte", antwortete die Alte. Der Königssohn hob sie auf sein Pferd, und bald erreichten sie die Hütte. Die Alte stieg ab und sagte: „Wartet nur ein wenig! Ich will Euch etwas geben!" Sie ging in ihre Hütte hinein, kam zurück und sprach: „Du bist ein großer Herr und hast doch ein gutes Herz, das wert ist, belohnt zu werden. Willst du die schönste Frau der Welt zur Gattin haben?" – „Ja!" antwortete der Königssohn, „das will ich."

„Die schönste Frau der Welt ist die Tochter der Blumenkönigin, die ein Drache gefangenhält. Willst du sie zur Gatten haben, so mußt du sie aus der Gefangenschaft befreien, und dabei will ich dir helfen. Ich gebe dir dieses Glöckchen. Wenn du einmal damit läutest, so erscheint der Adlerkönig. Wenn du zweimal läutest, dann kommt der Fuchskönig. Wenn du dreimal läutest, kommt der Fischkönig. Diese werden dir in der Not beistehen. Jetzt lebe wohl, und Gott segne deine Fahrt."

Sie gab ihm das Glöcklein und verschwand mitsamt der Hütte, als hätte sie der Erdboden verschlungen. Nun wußte der Königssohn, daß er mit einer guten Alten, mit einer Fee gesprochen hatte, und nachdem er das Glöcklein wohl verwahrt hatte, ritt er heim und sagte seinem Vater, daß er die Tochter der Blumenkönigin freien wolle und morgen hinaus in die Welt reite, um sie zu suchen.

Am nächsten Morgen stieg der Prinz auf sein edles Pferd und verließ die Heimat. Ein Jahr lang hatte er schon die Welt durchzogen, sein Pferd war gestorben, und er selber litt Mangel und Not. Da erreichte er eines Tages eine Hütte, vor der ein uralter Mann saß. Der Königssohn fragte ihn: „Weißt du nicht, wo der Drache wohnt, der die Tochter der Blumenkönigin gefangenhält?"

„Das weiß ich nicht", antwortete der alte Mann, „aber wandere noch ein Jahr lang diesen Weg geradeaus weiter, dann wirst du zu einer Hütte kommen, in der mein Vater wohnt. Der wird es dir vielleicht sagen können." Der Königssohn bedankte sich für die Auskunft und zog wieder ein ganzes Jahr lang den Weg weiter, und endlich erreichte er eine Hütte, vor der ein uralter Greis saß.

„Weißt du nicht, wo der Drache wohnt, der die Tochter der Blumenkönigin gefangenhält?" fragte der Prinz.

„Das weiß ich nicht", antwortete der Greis, „gehe noch ein Jahr lang diesen Weg geradeaus weiter, dann wirst du eine Hütte erreichen, in der mein Vater wohnt. Der wird es dir schon sagen."

So wanderte der Königssohn das dritte Jahr weiter auf wilden Wegen, bis er endlich die Hütte erreichte, vor der ein uralter Greis saß. Den fragte er: „Weißt du, wo der Dra-

che wohnt, der die Tochter der Blumenkönigin gefangenhält?"

Der Greis antwortete: „Der Drache wohnt dort oben auf
dem hohen Berg und hält eben seinen Jahresschlaf. Ein
Jahr ist er wach, und ein Jahr lang schläft er. Gestern hat er
seinen Jahresschlaf begonnen. Willst du aber die Tochter
der Blumenkönigin sehen, so gehe auf den zweiten Berg:
Dort wohnt die alte Drachenmutter, zu der jeden Abend die
Tochter der Blumenkönigin auf den Ball geht."

Der Königssohn stieg also hinauf auf den zweiten Berg,
und dort sah er ein goldenes Schloß mit diamantenen Fen-
stern. Er wollte gerade durch das Tor in den Hofraum treten, als sieben Drachen auf ihn losstürmten und riefen:
„Was suchst du hier?"

„Ich habe von der großen Macht und Güte der Drachenmutter gehört und möchte gern bei ihr in den Dienst treten", antwortete der Königssohn.

Diese schmeichelhafte Rede gefiel den Drachen, und der
älteste von ihnen sprach: „Komm also, damit ich dich zur
Drachenmutter führe!"

Sie traten in das Schloß ein und schritten durch zwölf
prachtvolle Säle, in denen alles aus Gold und Diamant war.
Im zwölften Saal saß auf diamantnem Thron die Drachenmutter. Sie war das häßlichste Weib, das die Sonne je be-
schienen hat, und hatte drei Köpfe. Der Königssohn
erschrak gewaltig, besonders als sie ihn mit einer Stimme,
die dem Krächzen von siebzig Raben glich, fragte:
„Warum bist du hergekommen?" – „Ich habe von deiner
großen Macht und Güte gehört", antwortete der Königssohn, „und ich möchte gern dein Diener werden."

„So", sagte die Drachenmutter. „Wenn du mein Diener
werden willst, so mußt du erst meine Stute drei Tage hindurch auf die Weide führen und hüten. Doch bringst du sie
nur einmal nicht heim, so fressen wir dich auf."

Der Königssohn versprach es zu tun und führte die Stute
hinaus auf die Weide am Ufer eines großen Stroms. Doch
kaum war er auf der Wiese angelangt, da stürmte die Stute

fort und verschwand. Vergeblich suchte er sie überall, er fand sie nirgends. So saß er nun auf einem Stein, über sein trauriges Los nachdenkend. Plötzlich sah er einen Adler in weiter Ferne hoch im Himmel fliegen. Da fiel ihm das Glöcklein der Fee ein, und er läutete damit einmal. Gleich darauf rauschte es in der Luft, und der Adlerkönig ließ sich vor ihm nieder.

„Ich weiß, was du von mir haben willst. Du suchst die Stute der Drachenmutter. Sie treibt sich oben in den Wolken herum. Ich werde aber alle Adler aussenden, damit sie die Stute einfangen und dir bringen." Und der Adlerkönig flog fort.

Gegen Abend hörte der Königssohn gewaltiges Rauschen in der Luft, und als er hinaufblickte, da sah er, wie viele tausend Adler die Stute heranbrachten. Sie ließen sich vor ihm nieder und übergaben ihm das Pferd. Der Prinz ritt nun heim zur Drachenmutter, die voll Verwunderung zu ihm sprach: „Heute ist es dir gelungen, die Stute heimzuführen. Als Lohn dafür darfst du am Ball teilnehmen."

Sie gab ihm einen kupfernen Mantel und führte ihn in einen Saal, wo viele Drachenjünglinge und Drachenfräulein tanzten, aßen und tranken. Dort war auch die schöne Tochter der Blumenkönigin. Ihr Kleid war aus allen Blumen der Welt gewebt, und wenn sie lachte, so lachte sie Rosen und Jasmin.

Als der Prinz mit ihr tanzen durfte, flüsterte er ihr zu: „Ich bin gekommen, um dich zu befreien." Da sagte die schöne Jungfrau zu ihm: „Wenn es dir gelingt, auch am dritten Tag die Stute heimzubringen, so verlange von der Drachenmutter ein Füllen von dieser Stute."

Der Ball war um Mitternacht zu Ende, und am anderen Morgen führte der Königssohn die Stute der Drachenmutter wieder auf die Weide am Strom. Aber sie verschwand sogleich wieder aus seinem Blick. Da nahm er sein Glöcklein hervor und läutete nun zweimal. Gleich darauf erschien der Fuchskönig und sprach: „Ich weiß schon dein Begehr und werde alle Füchse aufbieten, damit sie die Stute herführen. Sie hat sich in einem Berg versteckt." Darauf verschwand der Fuchskönig, und gegen Abend brachten viele tausend Füchse die Stute heran. Der Königssohn ritt nun heim zur Drachenmutter, und sie gab ihm einen silbernen Mantel und erlaubte ihm, am Ball teilzunehmen. Die Tochter der Blumenkönigin freute sich sehr, als sie ihn wieder sah, und als sie miteinander tanzten, flüsterte sie ihm zu: „Wenn es dir auch morgen gelingt, die Stute heimzubringen, so erwarte mich mit dem Füllen dort unten auf der Wiese. Nach dem Ball fliehen wir von hier fort."

Am dritten Tag führte der Königssohn die Stute wieder auf die Wiese am Strom, aber auch diesmal verschwand sie. Da nahm der Prinz sein Glöcklein hervor und läutete damit dreimal. Sogleich erschien der Fischkönig und sagte: „Ich weiß schon, was du willst, und werde alle Fische aufbieten, damit sie die Stute herbringen. Sie hat sich im Fluß versteckt."

Gegen Abend erhielt der Königssohn die Stute wieder, aus dem Wasser stieg sie herauf, und als er heimkehrte, sprach die Drachenmutter zu ihm:

„Du bist ein tüchtiger Junge und sollst mein Leibdiener werden. Was soll ich dir als ersten Lohn schenken?" Der Königssohn erbat sich ein Füllen von der Stute. Die Drachenmutter gab es ihm und dazu noch einen goldenen Mantel.

Am Abend kam er im goldenen Mantel zum Ball, und bevor noch das Fest zu Ende ging, schlich er in den Stall, setzte sich auf sein Füllen und ritt hinaus auf die Wiese, wo er die Tochter der Blumenkönigin erwartete. Gegen Mitternacht erschien die schönste Jungfrau. Der Königssohn hob sie vor sich auf das Pferd, und schnell wie der Wind ging es dem Palast der Blumenkönigin zu, den sie glücklich erreichten. Aber die sieben Drachen hatten ihre Flucht bemerkt und weckten ihren Bruder aus dem Jahresschlaf. Brüllend rückten sie nun heran und wollten den Palast der Blumenkönigin stürmen. Die aber ließ einen himmelhohen Wall ringsum emporwachsen, den kein Wesen durchdringen konnte. Und so mußten die Drachen umkehren.

Als nun die Blumenkönigin hörte, daß ihre Tochter die Frau des Prinzen werden sollte, sprach sie: „Gern willige ich in eure Heirat ein, doch nur die Hälfte des Jahres darf meine Tochter bei dir sein. Die andere Hälfte, wenn Schnee die Erde bedeckt, muß sie bei mir leben." Der Königssohn war einverstanden, und er führte die schöne Prinzessin heim in sein Reich. Dort wurde die Hochzeit gefeiert. Das Paar lebte glücklich miteinander: die Hälfte des Jahres im Königreich, die andere Hälfte im Reich der Mutter. Dies geschah so, wie ihr ein- und ausatmet, und jedermann war dort glücklich.

INFORMATION

In sehr vielen Märchen ist die Bedingung, um das Ziel des Wegs zu erreichen, der Gewinn und die Meisterung der drei Pferde. Oft ist das auch zusammengenommen in der Aufgabe, das gewaltige eine Pferd „aus der Tiefe der Erde" heraus zu gewinnen. Was ist das für ein Symbol? Nur das genaue Anschauen läßt das erkennen. Manchmal sieht man noch vor den Bierwagen der großen bayrischen Brauereien die schweren belgischen Pferde, gedrungen, aber in harmonischer Rhythmik gebaut, prall von Kraft. Kraft gehört also zum Pferd –, aber das Symbol erkennt man nur am Typus der Reitpferde. Erst etwa 2000 v. Chr. ist das starke Wildpferd zum Reit- und Wagenpferd gemeistert. Das taten Menschen, die ganz und gar intensiv mit ihren Instinkten in der Natur lebten, sie in allen Schwingungen und Spannungen erfühlten, aber zugleich die freie Intelligenz hatten, um das in der Natur Angelegte weiter zu entwickeln. Geschmeidige Kraft, ein Gliederbau der zu vielseitigen Bewegungen befähigt, eine empfindliche Wahrnehmung der Umgebung, beim hochgezüchteten Reitpferd in Nervosität übergehend. Wer das Pferd reiten will, muß seine Beweglichkeit erst ausrichten im Ziel befreiter Bewegung, man sagt, er muß das Pferd „versammeln", seinen intelligenten Kräftebau ordnen helfen. Dann ist der schnelle Schwung der langzügigen Bewegung zur Freude von Tier und Reiter möglich. Mit der richtigen Hilfe des guten Reiters wird auch die Kraft des Sprungs über natürliche und künstliche Hindernisse geleistet.

Die Schönheit, die richtige Spannung der Gliederung, die intelligente Beweglichkeit, die zielfähige Kraft: das Bild steht für die intelligenten Strukturen der Natur überhaupt. So erfühlte man es und so wurde es Symbol in den Märchen. Wer „König", also Leiter eines Bereichs werden will – und das ist Ziel jedes Menschen, der muß die Strukturen der Naturwelt, durch die er sein bewußtes Leben führt, erkennen. Und das ist die Bedingung für alle weiteren Gewinne. So konnte der Jüngste der Eisenhans-Geschichte die goldene Kugel nur nach der Meisterung des Pferds wieder und nun in neuer Gestalt gewinnen.

Wenn Struktur-Erkenntnis geleistet wird, so muß sie, um richtig zu sein, immer in dreierlei Sichtweise erworben werden. Der Mensch nimmt Welt wahr durch die drei Kräfte: im Fühlen, im Denken, im Wollen, durch das er das Wahrgenommene in Handeln umsetzen kann. So wird das Symbol des Pferds immer dreizügig gegeben: entweder ein Pferd nur aber in drei Sprung-Ansätzen, oder drei Pferde, die nun klar bezeichnet sind durch ihre Farben. In drei Ansätzen wird die intelligente Struktur der Natur genau erkannt als die Tragekraft im Leben. Im russischen Märchen von der „Ssiwka Burka" ist schon im Namen gesagt, worum es geht. Man nennt sie „Ssiwka Burka, wissende Kaurka", das heißt „vielwissende Fuchsstute", die intelligente Tragekraft der Erde dem Reiter vermittelnd. Der jüngste Sohn gewinnt sie, weil er als einziger den Mut hat, am Grab des Vaters die drei Nächte zu wachen, um die der Vater gebeten hatte. Er schaut die Seele des Vaters heraufsteigen, noch einmal das Brot essen, und hört die Frage, ob rings im Lande alles gut sei. Dann ist der Abschied getan, in der dritten Nacht gibt der Vater dem Sohn, der nun das „Stirb und Werde" als Erdgesetz erkannte, den großen Rat: geh aufs freie Feld und rufe das Pferd herauf. Der Jüngste geht und ruft: „weiß nicht woher, kommt ein Roß daher, unter seinen Hufen die Erde bebet, aus seinen Nüstern die Flamme schlägt, aus den Ohren steigt Rauch gen Himmel." So und ähnlich wird die gespannte Macht dieses Symbolums in den russischen Märchen oft geschildert. Und mit diesem Pferd – das er erst wieder verbirgt – gewinnt der jüngste Sohn, von den Brüdern als Ofenträumer mißachtet, aber in Wahrheit in die Natur hinein horchend, nun die Prinzessin: es ist wieder die Kraft aus dem Glasberg. Sie wartet oben auf dem kristallenen Berg, in drei Ansätzen jedesmal höher springend gelangt der Jüngste hinauf, er wird dort mit dem goldenen Ring auf der Stirn gesiegelt. Es sind Flammen-kräfte, die er erst verhüllt, bis auf dem Fest der Suche die „unvergleichliche Schönheit", die Prinzessin ihn findet, trotz der rußigen Verhüllung. Er aber huscht wieder „von Ohr zu Ohr" durch die Verbindung mit der „wissenden Kaurka" und steht nun frei in der Schönheit da, die ihm aus Erkenntnis der Naturstruktur gegeben ist. Die feurig strah-lende Stirn, die Strahlungskraft aus dem Haupt, die er ge-winnt, nachdem er den Kristallberg erspringen konnte –, dies Bild erinnert an die Kennzeichnung des obersten Dru-iden der Kelten, von dem in Nordfrankreich berichtet wurde. Er hieß „Taliësin" = „Strahlenstirn". Die Druiden waren ja, davon wurde schon berichtet, die Lehrer aller ih-nen möglichen Welt-Erkenntnis.

Solches Strukturwissen als Bedingung wird auf andere Weise verlangt im Märchen von „Iwán Zarewitsch, dem Feuervogel und dem grauen Wolf". Wir wissen aus den Quellenberichten, daß schon um das Jahr 1000 n. Chr. die Großfürsten in Kiew sich dies Märchen erzählen ließen. Da wird der Feuervogel gezeigt als Symbol des innersten Er-kenntniswillens, der aber, noch unbewußt wirkend, die Le-bensäpfel im Garten „raubt". Ihn suchend, erkennt man als Ziel die „unaussprechliche Schönheit", aber zu ihr kommt man nur, wenn man unterwegs das „goldmähnige Pferd" gewinnen kann. Dies „unterwegs" bedeutet hier immer lange Zeiten in unbekannten Zonen der Erfahrung, und zu diesem hilft nur, wenn man durch sein mutiges Verhalten die Kraft des großen grauen Wolfs zum Helfer haben kann. Das ist eine lange Geschichte, aber ohne die Erkenntnis des „Pferds" ist sie nicht zu meistern.

Noch etwas deutlicher wird die Aufgabe durch die Bilder des norwegischen Märchens von der „Jungfrau auf dem Glasberg". Da sind die Kräfte der Johanni-Nächte zu erkennen. Auf der hochgelegenen und üppig tragenden Wiese des Bauern wird alljährlich in der Johanni-Nacht alles kahlgefressen. Von wem? die ältesten Brüder versuchen, dort im Heuschober zu übernachten, aber als um Mitternacht ein ungeheurer Lärm, Donnern und Zittern der ganzen Hütte beginnt, verkriechen sie sich. Der Jüngste hält stand. Er hat Mut und Wollen. Er schaut hinaus, er sieht das große Pferd in der Wiese, er hat die Macht, es zu bändigen, und verbirgt es. Zuhause schweigt er, er hat noch nicht die volle Erkenntnis, er horcht, sie nennen ihn den „Askeladden", den Aschenstocherer. In der nächsten und übernächsten Johanninacht gewinnt er die beiden anderen Pferde dazu. Damit hat er nun auch die drei Rüstungen gewonnen, um sich darin zu zeigen: die kupferne, die silberne, die goldene. Diese drei Metalle werden oft als Bild gebraucht. Man kann sie aus der Beobachtung des Verhaltens dieser Metalle erschlüsseln. Es geht um das Durchschauen der physischen Struktur, die des Lebenssäftestroms, und des geläuterten Bewußtseins. Und nun ist die Zeit reif, der König fragte nach dem Ritter, der auf den Glasberg reiten könne, um dort die Prinzessin zu gewinnen. Es waren drei Feste, jedesmal warf die Schöne einen goldenen Apfel, und jedesmal war es Askeladden auf einem der drei Pferde, der den Apfel erhielt. Aber er verschwand sogleich wieder. Erst als das ganze Land durchsucht wurde und man auch den rußigen Askeladden zum Fest holte, weil niemand sonst die Äpfel hatte: war die Freiheit des Wirkens erreicht. Der Jüngste warf das Ofengewand ab, stand da in der Goldrüstung, der vollen Erkenntniskraft.

Er hatte die Basis des Strukturerkennens, der Erkenntnis der bis ins Diffizilste intelligenten Struktur aller Materie und Leiblichkeit gewonnen „in den Johanni-Nächten". Die Johanni-Zeit ist der Höhepunkt der sich entfaltenden Lebenskräfte der Natur. Sie geben dem, der fragt, eine Einweihung in dies Erlebnisgebiet. In den Johanni-Nächten war die Sitte, daß man durchs Feuer sprang, das Sonnenfeuer der Jahresmitte sich zur gefährlichen Erfahrung machte. Geschieht die Johanni-Frage in Jahresabständen dreimal, wie hier im Märchen, so ist der Erfahrung ruhiger, gesicherter geworden, endlich reif zum Auswirken.

Der Gewinn dieser Reife wird ja auch anders zu erlangen sein: das Märchen vom Eisenhans-Prinzen führte den anderen Weg durch, den des Dienens. Im Dienen an den Dingen und Prozessen, davon wurde schon berichtet, gewinnt man Erkennen. So kann zuerst das rote Pferd in roter Rüstung gemeistert werden: es meint die Herrschaft über die naiven Impulse der Blutssphäre. Dann das weiße Pferd der Gedankensphäre, und endlich das schwarze Pferd der Erdenaufgabe, des Willens. Aber, beide Wege sind komplementär, ergänzen sich, gehören zusammen, und jeder enthält auch den anderen in sich: das mutige intuitive Sich-verbinden, und das schrittweise, genaue Erkennen des Aufbaus.

VORBEREITUNG

Es geht ums Reiten, um den Umgang mit den intelligenten Strukturen der Natur. Man muß den Blick dafür öffnen, die Fragen stellen, das Interesse daran bis zur Freude ausweiten. Gefordert ist die ruhige interessierte Beobachtung der Konstruktion und des Chemismus der Gestalten. Man kann einmal ein ganz kleines Tier, sonst belanglos oder ärgerlich nur empfunden, so befragen. Oder den Bau eines Knochens, der ja größte Belastung ertragen muß. Oder die hormonale Durchpulsung des Körpers, sein Lymph-Netz. Oder die „Doppel-Helix", die auf- und ab führende Wendeltreppe der Reproduktion der Gene aller Art, im Zusammenspiel ganz bestimmter Zahlgesetze (jener $8 \times 8 = 64$ Möglichkeiten, von denen hier schon gesprochen wurde). Ins deutliche Erlebnis des Schönen führt es, wenn man Pflanzen so befragt in dem ausbalancierten Aufbau ihrer Teile, des Ganzen aus Wurzel, Keimblatt, Stengel; Blattwerk, Blüte, Frucht. Solche Übungen hat Goethe vorgeleistet, im Aufsatz und im Gedicht von der „Metamorphose der Pflanze" angedeutet. Man sollte sich den Mut zum Staunen und zur Bewunderung, zur Freude gestatten, das führt weiter. Ist nicht trotz allem abstrakten Gesetzkennens das Phänomen der Osmose in den Bäumen, das Aufsteigen des Saftes in die Höhen und Breiten, etwas zum Verwundern?

Welch ein intelligentes Spiel leiser Gewalt wirkt in der Schaffung jener Vögel, die umherziehen um die Erde, im Sommer im nördlicheren Gebiet nisten, aber winters da verhungern würden und wie die Störche, die Scharen der Stare und Schwalben und so viele andere in die südlicheren Gebiete fliegen –, lange, weit, über Meere und Länder, ihren Weg kennend. Wir wissen, daß es so ist und wie es funktioniert, – daß die Vögel ihre Wege finden im Luftraum, daß die starken Bäume aus kleinem Samenkern ihre starken Stämme im Saftstoß (= Osmose, ja natürlich, man „weiß" den Namen des Vorgangs) hoch hinauf aufbauen: aber eben *daß* es so und so ist, fordert die Offenheit des Staunens.

Wenn man das Urteilen zurückhält, kann man Untergründe ahnen, die richtiges Erkennen erst möglich machen. Man kann ahnen im leisen ruhigen Muhen, Käuen und Wiederkäuen der Kühe (auf der Weide, der sie ja zukomponiert sind –), daß die Tiere ganz dem Wohlgefühl der Kräuter in sich hingegeben sind. Man kann Freude ahnen im strahlenden Lied der Amsel im Frühsommer abends in der nun voll entfalteten aber noch ganz frisch sich aussagenden

Kraft der Grünheit ringsum. Man nimmt die Aussage der Nachtigall wahr, ganz Fühlen des Seins. Aus solcher Sensibilisierung des Menschen wird neue Wahrnehmungsfähigkeit, Sach-Erkenntnis endlich.

Man kann dann allmählich die Aufmerksamkeit richten auf das Wirken der drei Ansätze unserer Wahrnehmungsweise, und beobachten, wie Fühlen, Bedenken, Wollen eigene Tätigkeiten sind. Das ist eine innere Selbstkontrolle, die man ab und zu tut, und durch die man Fehlerquellen des eigenen Urteilens entdeckt im jeweiligen Überwiegen einer der drei Ansätze. Eine Theorie aus dem Denken kann den wirklichen Ablauf des Beobachteten falsch erfassen, weil das Fühlen als Kraft nicht eingeschaltet blieb. Oder das Wollen greift zu schnell aus ungemeistertem Temperament und ungeprüften Vor-Urteilen ein in die sachlichen Zusammenhänge.

Die Klarheit über die schrittweis und in immer hellerem Interesse gewonnene Strukturerkenntnis und über die Fähigkeit zum vollen Einsatz der Kräfte: das kann erst sein „wenn der König ruft". Er ruft, eines Tages, zur offenen Leistung aus der in Prüfungen und Geduld erworbenen Kraft. Es ist nun das dreitägige Fest um die Erringung der Prinzessin des Glasbers oder des Sonnenlichts. Dieser rufende König, das ist hier der weise Ratgeber in uns, das innere Zielwissen. Es ist der weise Alte, und es ist der wirkende Wille der in die Aktionsfähigkeit nun eintreten kann, auch wenn sie unbequem sein wird und die Aufgaben der Verwaltung des „Reich" um uns her stellt. „Wenn der König ruft" ist es so weit, man hat die intelligenten Strukturen der Naturwelt erkannt und kann mit ihnen in dreifachem Ansatz so umgehen, daß sie Helfer zum weiteren Ziel werden.

ÜBUNG

Gute Neugier

Solche Erkenntnisse dürfen nicht fesseln, sie fesseln uns nicht, sie sind wie eine Federung, man kann frei von ihnen aus und immer doch sie wissend weitere, andere Handlungen tun. Was ist unser, das humane, das Gesetz des Menschseins? Das weist in das soziale Sein. Es öffnet im geheimen auch die Frage nach der Liebe. Denn die in sich intelligente Struktur der sozialen Nachbarschaft ist eine von den freien Impulsen jedes menschlichen Individualseins in Verantwortung geführte offne Struktur. Sie zu finden, ist immer Aufgabe.

Wohin wirkt es zusammen, wenn man ein genaues logisches und zugleich bildhaft bewegliches Denken übt; wenn man sein Fühlen beobachtet – im leisen Sein, und vor und nach einem lauten Ausbruch als Zuschauer –; wenn man übt, den Willen zugleich zu zügeln und zu verstärken, in ihm „den Willen zum Wollen" maßvoll übte. Es führt dazu, daß man sein bloßes Jetzt-Ich voll gewinnt, – und zugleich die Macht, es loszulassen, sich dem Welt-Ich einzufühlen. Man fühlt eine durch mich hindurchgehende Geschmeidigkeit zum Mittun in den intelligenten lebendigen Gliederungen der Welt. Es ist und ist doch mehr als das Getragensein im schwingenden Rhythmus auf dem galoppierenden Pferd. Es ist mehr, denn man ist im gescheidigen Gesamtprozeß, und weiß zugleich die Freiheit der eigenen Entscheidung zu gutem nichtdagewesenen Tun. Vertrauen und, ja, eine Neugier klingen zusammen.

Die Tiere

Die Bienenkönigin

Zwei Königssöhne gingen einmal auf Abenteuer und gerieten in ein wildes, wüstes Leben, so daß sie gar nicht wieder nach Haus kamen. Der jüngste, welcher der Dummling hieß, machte sich auf und suchte seine Brüder: aber wie er sie endlich fand, verspotteten sie ihn, daß er mit seiner Einfalt sich durch die Welt schlagen wollte, und sie zwei könnten nicht durchkommen und wären doch viel klüger. Sie zogen alle drei miteinander fort und kamen an einen Ameisenhaufen. Die zwei ältesten wollten ihn aufwühlen und sehen, wie die kleinen Ameisen in der Angst herumkröchen und ihre Eier forttrügen, aber der Dummling sagte: „Laßt die Tiere in Frieden, ich leid's nicht, daß ihr sie stört." Da gingen sie weiter und kamen an einen See, auf dem schwammen viele, viele Enten. Die zwei Brüder wollten ein paar fangen und braten, aber der Dummling ließ es nicht zu und sprach: „Laßt die Tiere in Frieden, ich leid's nicht, daß ihr sie tötet." Endlich kamen sie an ein Bienennest, darin war so viel Honig, daß er am Stamm herunterfiel. Die zwei wollten Feuer unter den Baum legen und die Bienen erstikken, damit sie den Honig wegnehmen könnten. Der Dummling hielt sie aber wieder ab und sprach: „Laßt die Tiere in Frieden, ich leid's nicht, daß ihr sie verbrennt." Endlich kamen die drei Brüder in ein Schloß, wo in den Ställen lauter steinerne Pferde standen, auch war kein Mensch zu sehen, und sie gingen durch alle Säle, bis sie vor eine Tür ganz am Ende kamen, davor hingen drei Schlösser; es war aber mitten in der Türe ein Lädlein, dadurch konnte man in die

Stube sehen. Da sahen sie ein graues Männchen, das an einem Tisch saß. Sie riefen es an, einmal, zweimal, aber es hörte nicht: endlich riefen sie zum drittenmal, da stand es auf, öffnete die Schlösser und kam heraus. Es sprach aber kein Wort, sondern führte sie zu einem reichbesetzten Tisch: und als sie gegessen und getrunken hatten, brachte es einen jeglichen in sein eigenes Schlafgemach. Am andern Morgen kam das graue Männchen zu dem ältesten, winkte und leitete ihn zu einer steinernen Tafel, darauf standen drei Aufgaben geschrieben, wodurch das Schloß erlöst werden könnte. Die erste war, in dem Wald unter dem Moos lagen die Perlen der Königstochter, tausend an der Zahl, die mußten aufgesucht werden, und wenn vor Sonnenuntergang noch eine einzige fehlte, so ward der, welcher gesucht hatte, zu Stein. Der älteste ging hin und suchte den ganzen Tag, als aber der Tag zu Ende war, hatte er erst hundert gefunden; es geschah, wie auf der Tafel stand, er ward in Stein verwandelt. Am folgenden Tag unternahm der zweite Bruder das Abenteuer: es ging ihm aber nicht viel besser als dem ältesten, er fand nicht mehr als zweihundert Perlen und ward zu Stein. Endlich kam auch an den Dummling die Reihe, der suchte im Moos, es war aber so schwer, die Perlen zu finden, und ging so langsam. Da setzte er sich auf einen Stein und weinte. Und wie er so saß, kam der Ameisenkönig, dem er einmal das Leben erhalten hatte, mit fünftausend Ameisen, und es währte gar nicht lange, so hatten die kleinen Tiere die Perlen miteinander gefunden und auf einen Haufen getragen. Die zweite Aufgabe aber war, den Schlüssel zu der Schlafkammer der Königstochter aus der See zu holen. Wie der Dummling zur See kam, schwammen die Enten, die er einmal gerettet hatte, heran, tauchten unter und holten den Schlüssel aus der Tiefe. Die dritte Aufgabe aber war die schwerste, aus den drei schlafenden Töchtern des Königs sollte die jüngste und die liebste herausgesucht werden. Sie glichen sich aber vollkommen und waren durch nichts verschieden, als daß sie, bevor sie eingeschlafen waren, verschiedene Süßigkeiten gegessen hatten, die älteste ein Stück Zucker, die zweite ein wenig Sirup, die jüngste einen Löffel Honig. Da kam die Bienenkönigin von den Bienen, die der Dummling vor dem Feuer geschützt hatte, und versuchte den Mund von allen dreien; zuletzt blieb sie auf dem Mund sitzen, der Honig gegessen hatte, und so erkannte der Königssohn die rechte. Da war der Zauber vorbei, alles war aus dem Schlaf erlöst, und wer von Stein war, erhielt seine menschliche Gestalt wieder. Und der Dummling vermählte sich mit der jüngsten und liebsten und ward König nach ihres Vaters Tod; seine zwei Brüder aber erhielten die beiden andern Schwestern.

INFORMATION

In vielen Märchen wird als Bedingung, um das Ziel zu erreichen, gefordert: gewinne die Tiere als Helfer, achte sie als Freunde, nicht als Beute. Das ist dann zugleich die Wahrnehmung der drei Elementarreiche der Natur. Es sind die Tiere aus dem Wasser, aus der Luft, vom Erdboden. Es sind die den Elementen einkomponierten Gestalten. Man kann erkennen, wie auch die Dreiheitlichkeit des Menschen selbst in dieser Bildwahl mit gemeint ist: das Luftreich gehört der Denkkraft, und einst empfand man das so, daß die Griechen dasselbe Wort pneuma für Luft und Geist nahmen. Das flüssige hin und her flutende Wasserreich entspricht dem Fühlen. Das feste Erdreich entspricht dem Wollen. Das ist nicht nur das, was man theoretisch abstrakt als „Analogiedenken" nennt, sondern es entspricht eben dem umfassenden Erleben des Menschen, der die ihn durchdringenden Kräfte des Sonnensystems in Gefühl und Bewußtsein hereinnimmt.

Dann aber steht das Bild der Tiere auch als Bild für Einseitigkeiten des Menschen. Das sind die Geschichten vom „Tierbräutigam". Da wird im Zusammenspiel der Partner, Seele und Geist, der lange durch die ganze Weltweite führende Weg der Befreiung aus der Einseitigkeit einer Typik gezeigt. Man kennt bei Grimm die Geschichte vom „singenden springenden Löweneggerchen" (= Lerche), aus Norwegen kommt die Geschichte „östlich der Sonne, westlich des Mondes", aus Frankreich die von der „Schönen und dem Tier". Einseitigkeiten umwandeln ist ein langer Prozeß, verlangt warten können. Es greifen Ungeduld und Neugier ein, und nun ist erst ganz deutlich die Aufgabe gestellt –, nämlich bis zu den Wurzeln des Seins zu fragen. Da gehört leiden, fragen, wandern, also waches Bewußtsein dazu, also sich in die helle Kühle, ja Kälte des „Nordens" begeben: „östlich der Sonne und westlich des Mondes" meint eben den Norden.

Von der Positivität, der umfassenden Liebekraft des Menschen – des „Jüngsten" – spricht das Symbol des Helfens: Er hilft Tieren aus der Notlage, in die sie verstrickt sind, er verzichtet auf das Töten und hungert lieber. Da steht als umfassend das russische Märchen vom „Koschtschej, dem unsterblichen Knochigen". Nicht der „Knochenmann" d. h. der Tod ist hier gemeint, sondern das Verknöchern, das Skerotisieren alles Leiblichen: man muß es erkennen und soweit meistern, daß man die volle Menschlichkeit hier und jetzt entfalten kann. So wurde das geformt:

Der kleine Zarensohn will nicht schlafen, die Ammen holen den Vater, er spricht zum Kind, was in jedem Menschen urangelegt ist, nämlich der Wunsch zur vollen Erkenntnis. Er verspricht dem Knaben für später „die unaussprechliche Schönheit, dreier Mütter Kind, von neun Brüdern die Schwester". Es sind die in Rußland bekannten Termini –, man ist Kind der leiblichen Mutter, der Mutter Erde, und des Kosmos. Dieser aber ist gegliedert in die Sphären. Die alten Weltbilder der meisten Völker kannten neun Sphären, neun Himmel. Noch in den Gebeten des Neuen Testaments wird nicht vom Himmel sondern von den Himmeln gesprochen. Es sind differenzierte uns umkreisende Wirksphären. Die konzentrierte Kraft aller dieser Bezirke einst zu erkennen, zu gewinnen, das verspricht der Vater dem ruhelosen Sohn, der nun schläft. Aber

schon rasch, „nach neun Tagen" ist er groß und mutig genug.
Man kennt das von dem zwischen Menschen und Göttern ver-
mittelnden Lehrer der Griechen, Hermes. Es ist das Konzen-
trat der neun Welten, gedrängt in neun Reifezeiten des
Geistes. Der Sohn zieht fort, gewinnt „das starke Pferd"
durch ein Zusammenspiel des „weisen Alten", also der inne-
ren Weisheitsstimme, und der so erkannten Kraft der Natur.
Er reitet, weit, lange, bis ins Innerste der Natur. So kommt er
in drei Stufen zu den Prüferinnen und Lehrerinnen des Natur-
bereichs, den drei Baba Jagás. Sie sind hier auch von den drei
Metallen bezeichnet, vom kupfernen, silbernen, goldenen
Schloß. Die weiseste Hüterin der Natur kann nun die Tiere
aus aller Welt heranrufen, die Fische und die Vögel frägt sie
„wo lebt die Unaussprechliche Schönheit?" Wo ist das, was
der weise Alte nannte: „am Ende der weiten Welt, dort im gol-
denen Reich wo die Sonne aufgeht"? Endlich der uralte große
Vogel, Greif oder Mogul genannt, er weiß es. Er trägt den
Jüngsten dahin, aber der Flug ist weit, der Mogul muß Nah-
rung haben, der Mensch muß von seiner eigenen Substanz ge-
ben. Diese Suche ist kein Spiel, es ist der Ernst des großen
Wegs, der genauen Frage.

    Sie kommen in jenes Reich, der Prinz wohnt unscheinbar
bei einer alten Frau, aber dreimal ist er frühmorgens neben
der Schönen zur Messe in der Kirche. Denn der Gottesord-
nung gehören sie beide an. Dort erkennen sie sich. Der Jüng-
ste besiegt die heranstürmenden Räuber, erst sechs, dann
zwölf, dann vierundzwanzig. Nichts ist ja einfach, alles ist be-
droht, was den Göttern zugewendet ist. Nun aber reist er mit
der Unaussprechlichen Schönheit „in sein Reich", und in der
ungeheuren Ermattung nach langem Mühen schläft er den
„Heldenschlaf der neun Tage". Als er aufwacht, hat der Kno-
chige die Schöne entführt. Verzweiflung überfällt ihn. Besin-
nung, neuer Ansatz geschieht, ein langer Weg wieder im
Fragezustand. Endlich ist das Reich des Knochigen erreicht,
der ist zum Kampf fortgezogen in die Welt, der Jüngste
kommt zur Schönen: frage, wo ist dein Tod, Knochiger? Sie
fragt, zweimal führt er sie irre, endlich, überlistet von ihrer

Werbung, sagt er das Geheimnis. Im großen Wäßrigen, im Wasser-Element, im Meer, da ist eine Insel, ein Baumstamm darauf, darin lebt eine Ente, in ihr ist das Ei. Das ist mein Leben oder Tod. Jetzt sind die Tiere der drei Elemente nötig. Der Jüngste hungert im Wandern, aber er tötet die Tiere nicht, gewinnt sie zu Helfern. Mit dem Bär gewinnt er den im Meer schwimmenden Wurzelstock und öffnet ihn. Der Habicht drängt die entfliehende Ente herab, der Hecht bringt das Ei aus dem tiefen Meer herauf. Das ist ein Zusammenspiel, das man aus dem Drama-Märchen von der Kristallkugel ähnlich kennt. Die Konzentration der Elementarreiche, und das Vierte Elementarreich, das Feuer, die Wärme, bewirkt den ganzen Prozeß, denn es wirkt aus dem Willen der Seele des Menschen. Nun, mit dem Ei in den Händen, löscht der Jüngste die Macht des Knochigen so weit aus, daß er mit der Schönen aus dem Lichtreich der Sonnenkraft in sein eigenes Reich ziehen kann. Er feiert die Hochzeit, Verbindung von Außen und Innen, von Geist und Seele wirkt im guten Walten im Umkreis.

Die Tiere: man empfand sie als Sonderformen für Affekte, Gestalttendenzen, Funktionen, die auch im Menschen wirken, nur dort in einer ganz anderen Gestaltung und in das hohe Bewußtsein eingefügt. So sah man sie als Symbole für diese und jene Tendenzen im Menschen. Ein geheimes Ordnungsgefüge fühlte man aus dem Sternraum herab scheinen. Man sah Gebiete zusammen als Gestalten der Tier-Typik. Man nannte etliche der Bilder der in der Ekliptik uns umziehenden Fixsterngruppen „Tierkreis". Darin fand man den Stier mächtig stahlend, den Widder, die Fische, den Steinbock, der mit federnder Kraft auf die steilen Berghänge springt, den seltsamen knöchrigen Skorpion, den aus den Atemtiefen der Brust dunkel brüllenden Löwen, den Krebs, der im wäßrigen Element seine Wendungen vollzieht, Jahreswendezeit abbildend. Aber man erlebte im weiten fernen Fixsternraum auch die anderen Tiere. Im „sommerlichen Sternbild" erkennt man das große Dreieck aus dem weitflügeligen Adler, dem fliegenden

Schwan, denen die Leier die Musik tönt. Man sah das Pferd in seiner Funktion als Tragekraft ins Weite, als den geflügelten Pegasus, und man sah den Hasen, den Delphin, und mächtig zentral den Bären. Den nannten viele auch den Großen Wagen, der zieht immer das Sterngewölbe um uns herum, verschwindet nie unterm Horizont, der Polarstern ist immer in seiner Nähe zu finden. In solchem Wagen sah man in China den Himmelskaiser sitzen und Rat halten. Im Westen und Norden war das mächtige Tier der tiefen Wälder, der Bär, der Meister des zuverlässigen ruhigen Umschreitens des Himmelspols.

Da man ja in allen kulturaufbauenden Jahrtausenden bis vor nur 200 Jahren den Himmel ungehindert von Kunstlichtern anschauen konnte, ihn unmittelbar immer als Erlebnisraum und Orientierungshilfe der einstrahlenden Kräfte wußte, ein Gewebe von waltenden Geistern ahnte: so war die Bildsprache der Tiergestalten der Sterne auch immer eine Vergegenwärtigung dieses ganzen Tier-Bereichs um uns herum. Aus dieser Fülle aber erkannte man einige Typen als große Akzente im Menschensein auch. Stier, Löwe, Adler wurden als eine Art geheimer Gesprächspartner, als wirkende Kräfte aus dem Raum speziell des Menschen gefühlt. Man zeigte in den Abbildungen auch die vierfüßigen Erdtiere als geflügelt. In den Kulturen des Zweistromlands, Sumer, Assyrien, und im alten Persien zeigten die Plastiken, was man fühlte. Die mächtigen, aufgerichteten, geflügelten Stiere oder die Löwen, und dazu den breitflügligen Adler, den Sturmvogel Imdugud der Sumerer, der für die Assyrer der Träger der Sonne war und in ihr des inspirierten Königs. Im Alten Testament der Juden sprachen dann später die Traum-Schauungen der Propheten von diesen Tieren, und zeigten sie um die Gestalt des Urmenschen oder des Gottes geordnet wirken. Im alten Ägypten waren diese Tiere der waltenden Ordnerin, der Isis zugeordnet, man zeigte die Isis mit den mächtigen Flügeln des Geiers, mit den Hörnern der Kuh, also der Stierkraft im nährenden Aspekt, die Sonne in den Hörnern ruhend, und mit den breiten Tatzen des Löwen, wie die Sphinx vor den Weltsymbolen der Pyramiden.

Das alles wurde im Neuen Testament gezeigt als jene Symbole der vier Evangelisten, der vier Aspekte des Christus-Seins also, die durch das ganze Mittelalter hindurch sich einprägten und die man in so vielen Plastiken und Bildern allerorts sieht. Da gehört der kräftig lebenbegründende Stier zum Evangelisten Lukas, es gehört der im großen Atempuls rufende Löwe zum Evangelisten Markus, und es gehört der hoch hinauf die Erde umkreisende Adler zum Evangelisten Johannes. Der Mensch auf der Erde in seinem langsamen Aufbau ist das Wesenszeichen des Evangelisten Matthäus.

Wenn man sich vergegenwärtigt, daß unsere uns tragenden Kulturen ganz durchzogen waren von dieser Vielfältigkeit der Erscheinungen und sie als Bedingungen und Anlagen des Menschen selbst wahrnahmen, dann bekommt auch das Mitwirken der Tiere im Märchen eine andere Lebendigkeit. Das Weltbild wird wieder reicher, aus der Abstraktheit des Computer-Spiels heraus wächst es wieder ins Farbige, Weite der ganzen Welt.

Das macht dann auch die Geschichten vom Gebanntsein in eine einzige Tierform, vom Problem des „Tierbräutigams", zu einem eigenen Frageweg an sich selbst. In welche Sonderform bin ich zu sehr gebannt? Das Gebanntsein lähmt ja die Kraft des Geistes im Menschen, er sieht nicht die ganze Breite des Seins. Nur die Gefühlssphäre im Innern, die Seele weiß hier Ausweg, leistet die harte Arbeit. Im Märchen vom Löwen-Eggerchen (Grimm) ist es der Bann in die affekthafte Heftigkeit der Löwen-Typik. Das enorme Austönen der Stimme aus Atem- und Blutpuls dieses Tieres, das bei seiner Nahrung eben fast nur am Blut der Opfer interessiert ist, läßt nacherleben, was gemeint ist. Die große Geste, das mächtige gelassene Ausschreiten, die wallende gelbe Mähne, alles umgibt diese zentrale Freude am Atemraum, am Pulsen des Lebens. Das ist eine Bannung: zu ihr muß die Lerche d. h. die frei sich aufschwingende Vogelstimme hinzugewonnen, aus ihr herausgelöst werden. Eine andere Bannung zeigt das russische Märchen vom „Falken Finist" (= der hell Leuchtende). Da ist die Bannung ins ausfliegende Gedankenreich eine Gefahr für die Erdverbindung.

Immer geschieht der Lösungsprozeß, indem die Seele (= Jüngste) sich ahnend dem Gebannten verbindet, ihn „nachts" im Fühlen in seiner eigentlich fürs Ganze angelegten Menschheit erkennt. Aber es schaltet sich die Ungeduld ein, die voreilige Neugier. Da treten „die älteren Schwestern, die besorgte Mutter" in die Handlung ein mit der Verunsicherung der Seele: wer ist dieser, dem du da nur nachts begegnen kannst? Der verfrühte Lichtstrahl trifft, das neidische Messer ritzt, der Lichttropfen brennt. Nun muß der lange Weg gegangen werden. Um den Löwen zu finden, der nun als Taube, als Geistzeichen davon und voranfliegt, muß man in die Zonen von Sonne und Mond eintreten und ihre Lebenswirkungen erkennen. Man bringt von dort die Symbole mit –, die Goldkugel, das goldene Huhn mit den zwölf Küken. Das Spiel damit verlockt erst, aber noch weckt es nicht auf. Drei Nächte des Bittens und Rufens wecken den inneren Kern, mit leisem Finger ist es der helfende „Diener", der zum Löwenprinzen sagt: wach auf, du schläfst, du wirst gerufen! Nun erst ist die ganze Gestalt „Mensch" befreit zu harmonischer Einheit geworden. Noch muß sie schnell fliehen vor dem inneren Irrtum der noch möglich ist – der „falschen Prinzessin" –, aber der große Feuervogel trägt nun. Es ist ein merkwürdiges Bild im Löweneggerchen-Märchen dazu gesagt: wirf in das große Meer, über das ihr nach Hause kommt ins eigene Reich, die Walnuß, und ruht euch aus auf dem rasch steigenden Baum. Die runde Walnuß ist im Innern gegliedert wie das menschliche Gehirn. So ähnlich ist auch das Geäst des Baums strukturiert. Der Walnußbaum war dem obersten Gott, dem Zeus, dann in Rom dem Jupiter geweiht, also den Anleitern zum Wissen. Diese große Lösung aus dem Bann der Sonderformen ist, so sagte das Bild der Walnuß, doch ein strenger Bewußtseinsvorgang. – Und diese Forderung ist immanent auch im Weg des Jüngsten, die den Falken Finist ins ganz Menschliche hinein lösen will. Sie muß „drei Paar eiserne Schuhe, drei eiserne Wanderstöcke, drei steinere Opferbrote als Speise" aufbrauchen, und kommt damit durch die Reiche der Hüterinnen der Natur. Mit deren drei Geschenken gewinnt sie die Schlafkraft des Geistes schrittweise ins Wachen herauf, am weiten blauen Weltmeer sitzend. Wachheitswillen, Aufmerksamkeit, Geduld lösen aus den Einseitigkeiten, die man den Tierformen ablas.

Ist man aber frei von dem Bann, so weiß man die großen Akzente der Tiertypen im Menschen als gute Kräfte. Da sah man den Falken als Symbol des Horus. Für die Ägypter war Horus das Vorbild des Menschseins, vom vorangehenden Pharao ganz verwirklicht. Horus war, so sagte man, Sohn aus Osiris – dem Herrn der Seelenwelt – und Isis – der Lehrerin des Erdenlebens. Wie der Falke in Wachheit und Schnelligkeit aus den Raumweiten herunterstürzt, so brachte Horus das Wissen von der geistigen Ordnung der Welt zu den Menschen. Im Falkengewimmel des Himmels wurde er gezeigt, und als der unbeirrbare Kämpfer gegen die Feinde des Lichts.

Löwe als Sternbild

Und so fühlte man auch das gemeisterte Löwe-Sein als einen Aspekt des Menschen, in der geistigen Planung des Menschen inbegriffen. Das erfühlt man deutlich, wenn man in Ravenna die Mosaiken im Mausoleum der Galla Placidia anschaut, und den Löwen des Evangelisten Markus findet, in den Blick nimmt, denn er schaut ganz flammend dem Betrachter in die Augen. Er ruht mit breiten Flügeln im Gewölk des Himmels, umkreist von vielen Sternen, nicht Erdtier sondern Geisttendenz. Er repräsentiert ganz den intensiven Willensansprung, mit dem Markus seinen Evangeliumsbericht gab, schnell, wesentlich, anrufend. Als „die Stimme des Rufers in der Wüste".

VORBEREITUNG

Es ist klar: man muß jetzt auch mit den Computern umgehen können, mit der totalen Abstraktion. Denn um die internste Erkenntnis der Natur (im weitesten Sinn gefaßt) zu gewinnen, ist die Forschung seit 10 000 Jahren langsam schrittweise aufgebaut worden. Aber der Rück- und Ringsum-Blick zeigt, daß Natur im Innersten erkennen ein strenger Weg ist. Er führt nur zum Guten, wenn man immer wieder das Ganze im Erleben und Erkennen hat. Damit der Knöcherne, Koschtschej, nicht Macht über uns gewinnt (= verfrühte Zerstörungsgewalt), muß man alles liebend heranholen: die Tiere, die Pflanzen, die Weisen in mir und draußen. Es ist ein zweifacher Auftrag. Man erkennt die Tiere in ihrer Eigenwilligkeit, in ihrem Lebenstyp, ihrem Einbezogensein in kettenartig ablaufende Abhängigkeiten des einen vom anderen. Das gehört zu dem Thema, das im Alten Testament im komprimieren Schöpfungsbericht genannt wird: Namen geben können –. Der andere Aspekt ist der im Menschen selbst zu erfragende. Ich muß die draußen isolierten Tendenzen in mir beobachten, wiederfinden, harmonisch in ein zusammenwirkendes Ganzes, in mich selbst als Ich einfügen, eingefügt erkennen. Art, Stärke, und

Wertigkeit der eigenen Neigungen und Triebe zu erkennen, ist die Voraussetzung, um vom Urteilfällen jederzeit distanzieren zu können. Diese Annäherung an ein alles umfassendes Fast-Objektives zu erreichen, ist schwer, sehr schwer, aber es ist die beständige Notwendigkeit, so gleichmäßig notwendig wie der Atemrhythmus.

In den Zeiten unserer alten Kulturen gab es dafür eine Art Realsymbol. Die obersten Priester, die langher in Fühlen und Denken geschult und geweitet waren und also ihr Gespräch mit den Göttern führen konnten, um den Rat weiterzugeben: diese Priester und in Ägypten auch der Pharao als Priester, trugen um die Schultern umgelegt das Raubtierfell, das Pantherfell. Das war so in Ägypten, in Griechenland, und auch im alten Amerika der Indio-Kulturen. Diese Priester waren auch streng rasiert, sie standen meist nackt mit dem Tierfell als gemeisterte Hülle im Gespräch. Der Bart, den der Pharao im Kult trug, war umgehängt und nur als Mittel, um das Wirken des Kehlkopfs bei der großen Sprache des Kults zu verhüllen. Alles Tierhafte also war willentlich überwunden, ausgelöscht, relativiert.

Im Märchen gab es dafür ein Symbol in der Geschichte von „*Allerleirauh*" (Grimm). Da entzieht sich die aktive Seele (= Jüngste) dem Zugriff des verknöchert sich-nicht-wandeln-wollens eines Vaters, der hier nicht als Helfer sondern als eben nur das Alte fixierend gezeigt ist. Das Fixierenwollen in jedem von uns ist gemeint. Sie entzieht sich, nimmt das Wissen ihrer weltweiten kosmischen Zusammenhänge mit („die drei Kleider in der Nußschale, silbern, golden, diamanten"), aber sie sucht den Weg zur Offenbarung dieses Wissens. Und dafür legt sie den Mantel aus dem Fell aller Tiere um sich: Allerleirauh. Was Aufgabe ist, das Ordnen der Triebe, hat sie vorweg getan. Nun sucht sie im Dienen an den Dingen und sozialen Zusammenhängen die Erkenntnis der übergreifenden Ordnung. Schrittweise kann sie das zur Erscheinung bringen auf den „Frage-Festen des Prinzen", des auf die Antwort wartenden Geistes in ihr. Sie kann – so läßt sich das sagen – die vegeta-

tiven Kräfte erkennen und im silbernen Mondlichtkleid
tanzen, kann die einstrahlenden Sonnenlichtkräfte erkennen und im goldenen Kleid tanzen, kann die kristallinen
Formgewalten erkennen und im diamantenen Kleid tanzen.
Diamant, das ist zum lichtdurchlässigen Kristall geworde-
ner Kohlenstoff, also im Bild erfaßt, erkennend durchlich-
tete Erdnatur. Die Voraussetzung ist die Fähigkeit, die
triebhaften Tendenzen jeder Art in sich zu kennen, zusam-
menzuordnen. Hat man das erst als einen Mantel um sich
herum fühlen können, so kann man es endlich als inneren
Klang wahrnehmen. Das ist eine Formverwandlung, Metamorphose. Nahm ich die Tiere aller Art aufmerksam wahr,
die sanften und gejagten wie die Jagenden, die Sonderba-
ren und auch die Erschreckenden, so kann man des Gewim-
mels Herr werden nun auch in mir. Denn da ist es, in vielen
Nuancen ist es zum Vordrängeln geneigt. Hat man das einmal erkannt, ist die Sache einfacher geworden, ein inneres
Regulativ spielt sich ein.

Aber das Erkennen muß vorangehen. Orpheus, um den
sich die Tiere zusammenordneten, als er die Leier spielte,
ist, so heißt es, ein Schüler des Apollon und ein „Sohn" aus
dem lebennährenden Wasserelement (= dem Flußgeist)
und einer der neun Musen, Kalliope d. h. der Schönstimmi-
gen, die die Berichte der Erlebnisse des Menschen in der
Dichtung formen lehrt. Der Führer und Meister der Musen
ist Apollon. Die Musen empfand man als urangelegte
Kräfte im Menschsein, die Namen der innersten Drei sagen
es, sie hießen: Nachdenken, Gedächtnis, Gesang (Melete,
Mneme, Aoide). Apollon, den man als ein Geistwesen empfand, das zur Weisheit, zur Harmoniekraft der Musik, zur
Heilfähigkeit anleitete, wurde als Sohnkraft herangerufen
aus der gesamten Sphärenordnung (dem Titan Sphairos)
und der unbeirrbaren flammenden Reinheit (der Titanin
Phoibe) erlebt. In seinem zentralen Kult- und Lehrbereich,
in Delphi, sammelte man die Leitworte der „sieben Weisen". Von Delphi ging die großräumige Ordnung Griechen-
lands ins Weite. Alle, die dorthin kamen, lasen diese Worte.

Es waren die Anrufe zur Kraft des Maßes („Nichts im Unmaß"), zum Erfassen des rechten Moments (des „kairós, des Wendepunkts), es war der Anruf des „du bist" als Anruf des Gottes ebenso wie der des eigenen Selbst, denn dem war ganz intensiv der Ruf mitgegeben des „Erkenne dich selbst". Aus der umfassenden Lehrzeit des Apollon wird Orpheus fähig, die Tiere um sich zu sammeln –, sie zu versöhnen. So wurde er der Lehrer für viele Menschen damals, um 600 v. Chr., die wie er als Einzelne wanderten und ein Weltbild weiterzusagen begannen, das vom Impuls der Liebe ausging, die „Orphik". (Es soll davon später noch einmal berichtet werden.)

Diese Einheit aus Lieben, Erkennen, Zusammenschau als Orpheus-Sein wirkte durch die Jahrhunderte. Im frühen Christentum gab es viele Darstellungen in den Kirchenmosaiken und Malereien, man meinte mit Orpheus einen Aspekt des Christus und eine Ur-Anlage im Menschen.

ÜBUNG

Der ruhige Meister

Zwei Bilder, zwei Erlebnisse lassen sich fühlen und können vereinigt werden. Da ist Orpheus, er sitzt im freien Hügelland, auf einem Fels, hält die schön geschwungene Leier im Arm, rührt die voll frei ausschwingenden Seiten. Das ist ein sehr warmer, starker, intensiv einwirkender Ton. Diese Töne strömen ringsum in den Raum, sie geben eine harmonisierende Kraft hinein in das viele Widerstreben, dieses jeder-gegen-jeden, das da vorherrscht. Nun lösen sich Egoismen. Es gleitet auch der Mantel der Allerleirauh fort von den Schulten, löst sich auf. Die Tiere, aller Bereiche, der Stein des Orpheus ist ein Fels am Meeresufer, auch die Fische nähern sich, alle auch die Gierigen und sehr Gefährlichen. Die Tiere aus den Wäldern, vom Erdreich, aus der Luft die Vögel. Sie sammeln sich, es strömt eine Welle entspannter dankbarer Ruhe ringsum durch die Luft.

Etwas von dem vollzieht sich, was einst der Apostel Paulus in seinen Briefen aussprach: daß die Natur, die Tierwelt wartet, aus dem Bann (der Angst) gelöst zu werden. Das merkwürdige kleine Gespräch erinnert sich, das ein Gast bei Goethe im Garten des Weimarer Hauses erlebte: Goethe hatte eine kleine Schlange in einem Glas da, beobachtete sie mit der unbeirrbaren Intensität seinen „sich innig identisch machens", sprach zu ihr, bemitleidete sie, weil sie doch heraus wolle aus der Enge ihres leiblichen Bedingtseins, ihrer Schlangenhaut.

Kommen die Tiere zu Orpheus, der die Töne meistert, so fühlen sie das Versprechen einer künftigen Verwandlung. Er nimmt sie ja mit in seinen Verwandlungsweg. So *ist* man Orpheus, hat die Vielfalt der Gefühle und Affekte erkannt, sitzt als ruhiger Meister, hört die versöhnende Macht der Musik des Orpheus nun als aus sich selbst kommend. Die Angst, die Verwirrung, die Abneigung gegen das Vielerlei, alles fällt ab. Man ist in allen Fasern des Seins in der Harmonie.

Doch setzt das wohl die andere Übung voraus. Aus dem Bann der Einseitigkeit, des „Tierbräutigamseins", freigelöst, erlebt man wie ein großes Aufatmen die andere Raumrichtung des Menschseins. Nicht in die Horizontale gebannt, ist der Mensch eben der „ańthropos", der Aufrechtschauende. In der Vertikale hoch aufgerichtet verbindet er Erde und Kosmos, mit den geradeaus gerichteten Augen, die in der Achsenüberschneidung des Blicks alles Gegenüber voll fassen können, ist er der freie Gesprächspartner aller Wesen. So ist er auch im Sitzen der „anthropos", indem er den Leib frei aus den Hüften herauf gerichtet hat, die Wirbelsäule wissend. Der aufgerichtete Mensch ist der Orpheus, der um sich ringsherum die Fülle der Triebkräfte zur Harmonie klingen hört, sie weiß, sie ruhig hütet.

Der Drache

Sigurd der Drachentöter

Da ist Sigurd, Sohn des Sigmund, und dieser ist Sohn des Wölsung, und dieser Sohn des Sigi. Dessen Name heißt „Sieg", und er war ein Schüler des Odin, des Gottes, den sie alle verehrten und der sie lehrte und leitete. Da ist ein Stufenweg gegangen, draußen, im Einen? Sigi mußte seinen Jähzorn überwinden, er mußte sich eine neue Heimat gründen. Sein Sohn Wölsung verband sich mit einer Walküre, so sagte man, wenn einer sein höheres Selbst befragte an jedem Tag. Da wurde sein Schwager neidisch. Wölsung baute sein Haus um den Stamm eines mächtigen lebendigen Baumes, war es der Weltenbaum? Da wollte man Verlobung feiern der Tochter Signy, ohne nach Signys eigenem Lieben zu fragen. Und es trat plötzlich still ein mächtiger Mann in die große Halle, und alle schwiegen, denn alle ahnten, wer es sei, der im weiten Mantel und den großen Hut tief ins Gesicht gezogen, ein Hut, durch den alle Winde der Welt geweht waren. Und der große Fremde schlug sein Schwert in den Baum, und sagte: wer es herausziehen könne, dürfte es behalten. Odins Schwert. Aber Odin war nicht nur Lehrer der mutigen Einzelkämpfer im Leben, sondern der die Sprache lehrte, das Schwert der Worte, mit denen der Einzelne sich aussagen konnte. Und der Fremde war fort, alle schwiegen. Und dann versuchten alle Männer, das Schwert zu gewinnen, aber keiner konnte es. Nur Sigmund konnte es herausziehen und tragen, der Sohn des Wölsung und Bruder der Signy.

Sigmund führte viele Kämpfe auf weiten Wegen und in seinem Gebiet mit diesem Schwert, er übte es, er war ganz

erfüllt von seinem Können. Aber eines Tages trat draußen
auf den Feldern ein großer Mann zu ihm und hielt seinen
Ger gegen das Schwert, – da zerbrach es in zwei Teile. Die
begehrlichen Nachbarn konnten Sigmund töten und seine
Sippe, und seine Frau floh. Am Ufer des Meeres kamen
Schiffe, und der Fürst nahm die Fliehende auf, er vermählte
sie seinem Sohn, aber das Kind, das sie von Sigmund trug,
wuchs am Hof des fremden Fürsten auf, es war vaterlos und
mutterlos und heimatlos. Es war nur es selbst, Sigurd.

Aber Sigurd bekam Lehrmeister und lernte alles, was es
da zu wissen gab. Regin war sein stärkster Lehrer, der
Schmied, der die Geheimnisse des Umgangs mit den Erdkräften kannte. Da wurde Sigurd im Schmieden geübt und
im klugen Umgang mit dem Brettspiel, dem Wortkönnen
auch, und vor allem: mit Regins Hilfe konnte er endlich, eines Tages, die beiden Teile des Schwertes ineinander
schmelzen. Das war das Schwert, das Sigmund sterbend seiner Frau gegeben hatte für ihren Sohn. Odins Schwert.

Jetzt sagte Regin der Schmied: du hast gelernt, du bist
stärker als ich, hilf mir, mich zu rächen und mein Erbe zu-
rückzugewinnen. Ich will es mit dir teilen. – Aber ich bin
noch ein Knabe, sagte Sigurd. Doch Regin erzählte ihm:
wir waren drei Brüder, und als das Erbe des Vaters zu uns
kam, tötete mein Bruder Fafnir den anderen Bruder und be-
raubte mich. Er ist der mächtige Drache, Fafnir mit der gewaltigen Feuerstrahlung, die alle vertreibt. Hier muß man
sagen, daß diese schlimme Situation um den Drachen von
den Göttern zubereitet worden war, zu dritt hatten sie es gefügt, hatten dies Schlimme als eine Aufgabe offenbart. Aber
wie das geschah, diese Geschichte der Wanderung von
Odin, Hönir und Loki zum Lachsfluß, das wird zu lang zu
erzählen. Es war nun die Prüfung des Sigurd, solcherart zubereitet.

Und Sigurd wehrte sich noch eine Weile, dann ging er
fort und wanderte mit Regin weit in die wilde Einsamkeit,
die sumpfige Heide, ins Gefels des stürzenden Flusses. Sie
kamen und hörten schon Fafnir sich bewegen. Da sagte Re-

gin, wie er den Drachen töten sollte von unten her aus der
Erdgrube. Lange sprachen sie noch zusammen, Sigurd und
Fafnir. Du hast die Macht mich zu töten, aber du wirst sterben an meinem Eigentum. Sigurd wies die Warnung ab, la-
chend, stolz. Und der Drache starb, und Regin sagte zu
Sigurd, nun schneide sein Herz heraus und brate es, und gib
es mir, ich will indes ruhen. Sigurd machte Feuer und briet
das Herz des Drachen, und der Saft spritzte ein wenig auf
seine Finger, er steckte sie in den Mund, da hörte er plötzlich die Natur sprechen. Alle Kräfte der Natur waren Besitz, den der Drache an sich genommen hatte. Sigurd hörte
in den Bäumen die Vögel, die weit umherfliegen und vieles
sehen. Sie sagten: er ist dumm, dort unten, Sigurd, denn Regin wird ihn töten um nicht Besitz teilen zu müssen. Sigurd
muß sich wehren, muß Regin töten und das Herz des Drachen essen. Ja, sagten die anderen Vögel, und dann müßte
er weit hinauf steigen durch die Wälder auf den Berg der
Hinde, der Hirschkuh, zum Hindarfjall, wo der große Wasserfall stürzt. Dort ist die Burg der Brynhild, Flammen
ringsum, Schilde schützen im Ring. Sigurds ist das würdig,
ist Ziel.

Aber Sigurd hörte alles, was die Vögel sprachen, und tat
so, wie sie rieten. Er war nicht böse, er tötete Regin, das geschah so im Gesetz der Natur, um nicht getötet zu werden
von Regin. Und er ritt weit hinauf und mühsame lange
Wege. Dann sah er den flammenden Berg, die wafelnde
Lohe, die leuchtenden Schilde. Ihn brannte die Lohe nicht,
sie ergreift nur den, der selbst in seinen ichsüchtigen Trie-
ben brennt. Sigurd suchte sein Ziel, das die Vögel und die
Winde ihm genannt hatten. Oben in der mächtigen Burg
fand er die Brynhild liegen, er schnitt die Kampfbrünne
auf, er löste die Bannung, die so lange galt, bis der kommt,
der alle Kräfte zur Stärke geübt hat und reinen Herzens ist.

Brynhild lehrte den Sigurd alle Heilkräfte der Natur, alle
verborgenen Zusammenhänge erkennen und in die For-
meln der Runen fassen, um damit umzugehen in allen Fragen, und Sigurd und Brynhild lebten nun zusammen, und

walteten von der Burg aus weit ringsum in das Land hinein, halfen und heilten und gaben rechten Rat. So lebten sie lange. Und wenn dann, irgendwann einmal, eine neue Prüfung kommt, etwa die das wissende Selbst durch die Mühle der Versuchbarkeit mahlen muß, so setzt sie doch immer und überall voraus, daß man über dem Drachental den Berg der Hinde findet und den Feuerring durchschreiten kann.

INFORMATION

Das Wort „Drache" kommt vom griechischen „dracon" –, ein altes Wort also, aber ein noch viel älteres Erlebnis steht dahinter, im Süden wie im Norden, und im Osten, wenn auch dort anders gesehen. Überall wußte man dies Thema als Göttersache und Götterkampf, dem Menschen weitergegeben, als Aufgabe, als Anruf.

Die Bildgestalt Drache zeigt kein Tier, sondern eine unordentliche und erschreckende Mischung von Tierformbestandteilen. Riesig der Leib mit Schuppenpanzer und Tatzen, Krallen, Flügeln, Rachen voller eisenspitzer Zähne, Feuer speiend, irgendein tierähnlicher Kopf, oft auch ein Menschenkopf. Denn in Wahrheit ist ja hier der Mensch gemeint, die brutale Kraft seiner Zerrissenheit im Triebwogen des Egoismus, das Dissonante des Mißbrauchs der Kräfte der Natur. Gefahr strömt aus dem Bild, aber zugleich Gewißheit der Überwindbarkeit: wenn man erkennt und will. In der Bildersprache ist Schlange und Drache deutlich zu unterscheiden, auch wenn die Leiblichkeit des Drachen oft schlangenähnlich gezeigt wurde. Die Schlange, die über den Erdboden gleitet und als erstes Tier die Nerven im Rücken gebündelt zum Haupt hin geleitet hat, sie galt immer als Lehrhelfer zum Erkennen der Erdenstrukturen. Der erkennende Mensch richtete sie auf, über der Stirn des ägyptischen Pharao schaute der Kopf der Uräus-Schlange, über die Sesselrücken der Götter und Helden der

Antike schaute die Schlange, ins Ohr flüsternd was sie von der Erde mitbrachte. Der Buddha Gautama wurde gezeigt als Freigewordener und Lehrer auf der Lotosblüte, die aus den Wassern aufsteigt, oder auf der siebenfach geringelten Schlange, dem Schlangenkönig, der seinen Kopf schützend über den Menschen breitet.

Aber der Drache strotzt von Dissonanz und zerstörender und raffender Gewalttätigkeit. Die Griechen kannten ihren Leitgeist Zeus auch in einer hoch aufgerichteten Schlangengestalt und brachten ihm dann, als dem Zeus Meilichios Honig und Milch als Opfer. Aber der Sohn und Helfer des Zeus, Apollon, mußte den Drachen töten, ehe er in den Bergschluchten von Delphi sein Lehrzentrum einrichten konnte. Er mußte den Python-Drachen bekämpfen, und dieser Kampf wurde jährlich als Lehrstück und Festspiel zelebriert: Anruf an die Lehrlinge und Pilger von Delphi, diesen Kampf um das menschliche Maß im eigenen Sein auch zu leisten. Apollon, so hieß es in der Bildsprache, mußte diese Tötung, diese Reinigung des Ortes, doch sühnen im Dienst, denn jede Tötung fordert Sühnung weil sie Tötung ist, Reinigung weil sie Berührung mit dem Getöteten ist. Die Lebensgesetze sind nicht einfach. In Delphi ging es um Wachheit und Erkennen, das große „Erkenne dich selbst" war dort Leitwort. Es wurde in der Lehrpraxis der Musik, der siebensaitigen Leier, zur Harmonisierung hin geübt. Also der Dissonanz des Drachen ganz frei entgegengesetzt.

Das Lehrzentrum von Delphi war geistig und politisch prägend für den ganzen griechischen Raum und damit für das spätere Europa. Die Anrufe des Tempels zum Erkennen, nichts im Unmaß zu tun, alles im rechten Augenblick (= kairós) zu tun, – sie zeigten das Gegenbild des Drachen knapp und wach. Es war ein Extrakt aus älteren Erfahrungen. In Sumer und Babylon seit 3000 v. Chr. und im alten Ägypten seit 3000 v. Chr. hatte man das Thema vorgeübt. In Ägypten hatten die Götter und in ihrer Nachfolge der Horus, als Urgestalt des Pharao, die die kosmische Ordnung bedrohende „Apophis-Schlange" täglich zu besiegen. Man muß den Ausdruck klären, dieses Wesen mit seinen riesigen Wölbungen die im Weltmeer Gefahr strudeln, ist ein Drachenwesen. Man kann es nur meistern, wenn man sich selbst meistert. Davon erzählen die vielen Texte jener Zeit, Texte der Pharaonen an ihre Nachfolger und der leitenden Beamten an ihre Söhne. Dies Land in fruchtbarer Ordnung zu halten, Wasser zu regulieren, Land neu einzuteilen im jährlichen Rhythmus, Vorräte zu sammeln gegen die Mißernten, die Götter in ihrem Zusammenwirken in Natur und Seele zu erkennen, das war Aufgabe für die Helligkeit der Verantwortung. Was heißt das Wort „Ver-Antwortung", wenn nicht antworten auf das, was man rings um sich und in sich erkennt.

Im alten Sumer wußte man das auf seine Weise auch. Seit „die große Flut" – die Eiszeiten also – vorbei war, galt es für alle die ihren Umkreis leitenden Stadtfürsten immer, Kosmos gegen Chaos zu schützen. Vorbild war ihnen Gilgamesch, der um 3000 v. Chr. die Stadt Uruk im Zweistromland gründete, und sagte, er wisse, daß er nun auf die Erde gesetzt sei und die Maße des Himmels, der Sternsphäre, im Erdleben nachvollziehen solle.

In einer inneren Schau erkannte er die Welt, die ihm „der Fährmann" der Götter mitgab. So steckten die Sumerer ihre jährlich neu zu vermessenden Felder im Bewässerungsgebiet ab nach einem Maß, das sie „iku-Feld" nannten, und eben dem Sternbild abprojiziert hatten, das wir seit der griechischen Zeit den Pegasus nennen, ein längliches Rechteck. Das gehörte zur Gegenwendung gegen die Gefahr des Chaos. An jedem Neujahrsfest wurde das große Epos vorm Stadtfürsten verlesen, rezitiert, das den Kampf gegen „die Tiamät", den wogenden Drachen des Urgewässers zeigt. Aus dem Urwäßrigen hatten die Geistwesen-Götter das erste Feste verdichtet, hieß es, man nannte es apsū, der Erdwürfel wurde es, auf dem Pflanzen wachsen, Leben gedeihen, endlich Menschen stehen und schauen konnten.

Wir kennen die Rituale für einige Tage des zwölftägigen

Neujahrsfest in Babylon. Jeden Morgen stand der leitende Oberpriester (= „Höchster der Schauenden") wieder eine Stunde früher auf, tauchte sich in die Flut des Tigris, noch leuchteten die Sterne der Nacht über ihm. Am 4. Tag sind es 3 ½ Stunden vor Sonnenaufgang, und es wird dann das Gestirn, das heliakisch (= mit der Ṣonne) am Horizont aufgeht, in seinem Kraftwesen angerufen als Schutzgestirn des Tempels. Dann gegen Abend wird das Schöpfungs-Epos rezitiert, das die Besiegung und Verwandlung des Chaos erzählt, die Gefahr des „Drachenseins" also beschwört. Das wird gesprochen in der Kapelle des Nabu, des Lehrherrn des Denkens und Aufschreibens, also der Einübung der Erinnerung und Willensbildung. Am 5. Tag, der Oberpriester stand nun vier Stunden vor Sonnenaufgang auf, die Fülle der Sterne über sich erlebend und ansprechend, geschieht die Königsprüfung. Der Priester nahm dem Stadtfürsten alle seine Würdezeichen ab, gab ihm einen Backenstreich, ließ ihn in die Hand des Gottes Marduk versprechen, im neuen Jahr wieder zu sorgen, daß die Felder gedeihen können, daß die Wildtiere bekämpft werden, daß die Schulen in allen ihren Lehrfächern gehalten wurden, daß die Stätten der Besinnung auf die göttliche Weltordnung gepflegt in aller Schönheit der Gesteine und Metalle der Erde gebaut würden, und die Maße der Gestirnrhythmen in ihren Baumassen im Bewußtsein der Menschen hielten. Es kamen nun am nächsten Tag aus allen Städten in Schiffen gefahren die leitenden Priester mit den Statuen der ihnen zusprechenden Götter –, denn durch richtige Worte und Gedanken fühlte man die Götterwesen in den Statuen beim Ritual anwesend. Sie alle trafen sich im Festhaus der Jahresplanung, der Besinnung, im „Schicksalsgemach". Die Verbundenheit von Mensch und Gott wurde erlebt in der symbolischen Grablegung des Gottes und sein Herausgerufenwerden. Dies Erlebnis, zum Erinnern des Schöpfungs-Epos hinzugefügt, zeigte, daß der Kampf zwischen Chaos und Kosmos durch eine strenge Bewußtseinswandlung, eine Opferung führen muß.

Das Lehrgedicht vom Kampf gegen die Tiamàt berichtete so: Tiamàt und ihr Ratgeber Mummu – der das dem Weltsein immanente Wissen war – hatten aus sich selbst Wesen geschaffen, aber nun wurden diese „zu laut", sie störten die Ruhe, man wollte sie wieder vernichten. Diese Wesen aber waren ja nun die Vorbereiter der geordneten Menschenwelt geworden. Gezeigt wurde also der große Kampf, den leistete zuerst der Erstentstandene, Ea, dann in der nächsten Epoche sein Folger-Sohn, En-lil d. h. der Herr der wehenden Winde, der Luft, des belebenden Hauchs. Und endlich ging der Kampf – der ja immer zu leisten ist – über an den Herrn der nächsten Epoche, an den „Sohn", Marduk. Der Name Marduk bedeutet so viel wie der entsprechende hebräische Name, Micha-el, nämlich etwa „wer ist wie Gott', wer ermißt das Maß?

Damit ist das Thema vom Drachenkampf im Volk Israel angelangt, das ja in Ägypten wie in Babylon in die Lehre ging, ehe es sich ganz in sich selbst sammelte. Hier zeichnet sich die Gestalt des Erzengels Michael heraus, der als der kosmische Drachensieger in die folgenden Jahrtausende einging. Über Byzanz kam er ins innerste Europa hinein, zwischen Ural und Atlantik angeschaut.

Michael tötet nicht den Drachen –, er wirft ihn aus der geistigen Welt der Planer-Götter heraus auf die Erde als vorbedachte Aufgabe der Menschen. Dort fanden die Bedenkenden das Spiegelungsbild, die Figur des „Ritter Georg, des Drachentöters". Das ist sehr, ja –, bedenkenswert. Aber ehe man die Geschichte von Michael genauer ansieht, ist es gut, sich zu erinnern, was in Europa dieser Erfahrung vorbereitend schon entgegenkam. Das ist die Geschichte von dem leitenden Geist der germanischen Menschengruppen, von Odin, und von Sigurd, der im Epos dann Siegfried heißt. Das ist in der Edda zu finden, aber man muß aufschlüsseln, indem man es im Zusammenhang der ganzen Odins-Lehre und Methodik betrachtet. Dann ist es nicht mehr nur eine farbige Geschichte, sondern eine Schlüsselgeschichte.

An der Geschichte des Sigurd/Siegfried wurde als an einem Beispiel allgemeingültig vorgeführt, was der Weg des Menschen zur Verantwortung hin an Bedingungen bringt. Am Anfang steht die „Sohnschaft" d. h. die unmittelbare Lehrlingsnatur von Sigurds Urvater. Dieser Wälsung ist von Leidenschaften wie jeder Mensch getrieben, es geschieht ein Mord aus Zornaffekt, dem folgt notwendig der Zustand der Wanderschaft als Heimatloser, neue Gründung von Heimat, Kampf. Es geschieht das Zeichen: Odin stößt ein Schwert in den großen Baum, der die Halle durchwächst, – wer kann es herausziehen? Sigmund, Sigurds Vater, kann es, aber nicht kann er es genug führen, es zerbricht. Sigurd findet den Lehrmeister, den Schmiedemeister der mit den Metallen der Erde umgehen kann, und kann das Schwert wieder fügen. Sigurd bekommt das Pferd, das von Odins „achtbeinigem Pferd Sleipnir" stammt, also die Erd-Intelligenz sammeln hilft. Mit dem Odinsschwert tötet Sigurd den riesigen Drachen, Fafnir (= „der Umarmer", Festhaltende), der die Erdschätze nicht hütet, sondern süchtig an sich, unter sich hin rafft. Sigurd ißt das Herz des Drachen, er hört nun die Stimmen der Natur, versteht ihr Leben, ihr Zusammenspiel, und hört darin die Wegweisung: hinauf, durch die Feuerlohe zur Burg der Walküre, Brynhild, deines höheren Selbst, seines wahren Wesens.

Die dissonanten Drachenkräfte überwinden, das selbstsüchtige Triebgewoge durchlichten, und dann die darin wirkende Kraft als solche als Kraft der Wahrnehmung einsetzen, ist der Übergang über die Schwelle vom getriebenen zum geführten Leben. Aber man steht nun erst am Scheideweg der freien Entscheidung. Sigurd durchdringt die „Feuerlohe" der Triebgewalten um die Burg der Walküre, er gewinnt durch sie die Lehren des Weltverstehens; es heißt, sie lehrt ihn „die Runen" kennen, also die Kurzformeln für die Strukturen des leiblichen, seelischen, geistigen Lebens. Aber als er fortreitet, kommt die Verführung der Alltäglichkeit auf ihn zu, er verfällt ihr, der „Grimahild" (=

Kriemhild), d. h. „die unter der Maske kämpft", unter der Maske des bequemen Lebens. Sigurd verrät sein wahres Selbst, es steht nun notwendig die Sühnung durch den Tod aus. Erst danach auf neuer Ebene geschieht die Verbindung mit der Brynhild, die mit ihm auf den Scheiterhaufen steigt.

Die *Geschichte vom Siegfried* wurde, verbunden mit allerlei historischen Fakten, geformt im Nibelungen-Epos, das in Europa die Jahrhunderte als allbekanntes Lehrbild durchzog. Man vergaß es eine Weile, bis um 1800 die großen alten Handschriften neu gefunden wurden, ins Hochdeutsche übersetzt, und diese drei Epen – des Tristan, der Nibelungen, des Parzival – traten wieder ins Bewußtsein, wurden Lehrstoff der Schulen. Als Neffe des ersten Verlegers, Brockhaus, mußte der junge Richard Wagner die Korrekturen zum Druck lesen: er wuchs so mit diesem Stoff ganz durchlebt auf, und als seine Opern wirkte alles in neuer Intensität hinaus. Er erfaßte das Typische der Bilder, und so nannte er Siegfried als Typ „den furchtlosen Einzelnen". Das ist richtig, denn aus der Epoche der Sippenbindungen wurde so der Weg ins Freie der Verantwortung im Ich gezeigt.

Darin ist der Durchgang durch den Drachenkampf etwas wie die zweite, die personale Geburt. Die Edda erzählte, es sei auf seinen Wanderwegen, die Odin durch die Gebiete der germanischen Gruppen tat, wieder ein Dreierwirken geschehen, wie am Anfang. Die Schaffung des Menschen nämlich, aus der pflanzenhaften Vitalität zum Bewußtseinswerden hin, wurde auch in der Dreiheit getan: Odin mit Hönir und Lodurr. Sie gaben Sinnzielung im Ich, Verstand und Lebensflamme. Nun aber wanderte Odin wieder mit Hönir, der den Verstand gibt, er heißt auch „Schlangenkönig", und hatte als Dritten diesmal Loki dabei. Das ist der große Auslöser aller Versuchungen des Menschseins, der Listige auch. Seine Herkunft wird benannt als Farbauti = der wild Schlagende, und Angurboda = der Angstbringerin, und seine Wirkung (= Sohn) ist der Fenriswolf, der zerstörende Böse, immer Bedrohende. Und so löst Loki auch das Ende einer Epoche, der

Odins-Lehrzeit, aus, jenes Ragnarök = Schicksal der Götter,
in dem in ungeheurem Kampf Altes zerstört und Neues erst
ermöglicht werden muß. Auf neuer Erde werden „die Würfel
geworfen" zu neuem Schicksal: wieder ist dann Hönir dabei,
der Verstand immanenter Logik des Lebens.

Nun bei dieser Wanderung rasten die Drei am Wasserfall,
Loki tötet in gezieltem Wurf den Otter, der zugleich ein
Menschwesen war und gesühnt werden mußte: das Gold des
Erdgnomen mußte Loki dafür erzwingen, es trug den Fluch.
Auf dem Schatz lagerte sich, nun in Gestalt des Drachen, der
Bruder des Getöteten, Fafnir, und ließ den dritten Bruder,
Reginn, leer ausgehen. Aber Reginn ist der kenntnisreiche
Schmied, er dient dem König des Landes nun, Rache sin-
nend, und wird Sigurds Lehrmeister. Er ist es, der Sigurd zur
Tötung des Drachen drängt. Wieder sind hier drei Brüder ge-
zeigt, wie immer, wenn vom Menschen die Rede ist. Otr der
Fischotter, Fafnir der Drache, Reginn der weise Antreiber.
Nur Sigurd ist ein Einzelner, vaterlos in der Fremde aufge-
wachsen, ein Wanderer. Im Drachenkampf erfährt er seine
Wahl: die obere und die untere Ebene ist nun offen für ihn.
Die Versuchbarkeit muß durchlebt werden.

In den Märchen später, die vor allem in Rußland durch-
geprägt wurden, geschieht die Versuchung als ein Kampf
gegen die „Geschwister und Mutter" des Drachen: die fort-
dauernde Wachheit ist so bezeichnet. Im Heldenmythos ist
Versuchung, Absturz, Sühnung ganz durchgeführt gezeigt.

Es geht beim Drachenkampf nicht um das Gold im Sinn
von Geldbesitz, das ist eine spätzeitliche Verfälschung des
Themas, wenn in manchen Sagen die Menschen in „Dra-
chenschluchten" nach Gold suchen. Das Nibelungengold
wird in den Rhein versenkt. Im altenglischen Epos vom
Drachentöter Beowulf, das in den Schulen noch heute alle
Kinder kennen, besiegt der gute König Beowulf Drachen
und Drachenmutter, unter Einsatz des Lebens, aber mit seinem Tod wird in kultischer Handlung das Gold ins Sumpfgebiet des Drachen versenkt. Gemeint ist die Fülle der
Naturschätze, die mißbraucht werden im bloßen Machtge-

nuß. Als alles bedrohender Schädiger wird der Drache bekämpft. Aber das ist ebenso ein äußerer wie ein innerer Vorgang für die Helden der Mythen wie für die Jüngsten der Märchen.

Hier hilft das Bild vom Michael als Drachensieger zur Klarheit. Es ist umrissen in der Apokalypse (= Entschleierung), der sog. Offenbarung des Johannes im Neuen Testament.

Das Bild war eine Verdichtung aus der Erkenntnisübung der vorhergehenden Jahrtausende. Die allmähliche Verdichtung des urwäßrigen Zustands hatte man als Planung und Tat geistiger Wesen (= Götter) in langen Rhythmen erfaßt: aus der ungegliederten Fülle des Seins der Tiamat hatten die Sumerer und Babylonier endlich den Jüngsten, den Marduk als Gestalter der festen Erde und der kreisenden Gestirne des Raums benannt. Die Juden in ihrem Alten Testament in den ersten Kapiteln (der Genesis) formten es in die Verdichtungsstufen der „sechs Tage", d.h. der Jom oder griechischen Aionen, also Epochenräume. Ähnliche Erdschöpfungsbilder kennen alle Völker, aber im Vorderen Orient, also dem Beginn des „Abendlandes", kam ein anderer Ton, ein intensiver Bewußtseinseinschlag dazu: der Anruf an den Menschen, die Chaos-Gefahr selbst zu meistern. Der „weise König Salomon" (um 950 v. Chr.) baute den repräsentativen Tempel in Jerusalem in symbolischen Maßen und Farben, und vor dem Eingang stand das Symbol des Urwassers, der Tiamat, des „tehom", das „eherne Meer". Es war von den 12 Stieren als den 12 Tierkreiszeichen des geordneten Gestirnkreises umgeben. So wurde in manchen Variationen das Bild des Drachenkampfes durchgeführt, als der verschlingende Wasserdrachen Leviathan (= der Umspanner) in Israel etwa. Diese Bilder, traumhaft geschaut als wogende Kräfte, die in und um den Menschen wirken, halfen den Mut zu hüten. Es gab ja damals noch auch ganz faßbar die wilden Kräfte der Tiere der Natur, die dicht um den Menschen stand. Aber man kannte genauso die inneren Gewalten.

In Krisenzeiten geistiger Trägheit oder Überhebung wurde das Drachenbild immer wieder betont. So tat es der Prophet *Daniel* gegen die Gefahr der Dekadenz der spätbabylonischen Verführungen. Gerade an ihm wird die Gegenstellung in fast naiver Weise deutlich gezeigt. Daniel steht in seiner strengen kristalligen Lebensführung den triebhaft gewordenen Menschen im Nebukadnezar gegenüber. Er gehörte zu der wachen Gruppe jener Juden, die das Kommen des Messias vorbereiten wollten, zu den Nasiräern (Nazareth war eine ihrer Siedlungen, in der später Jesus aufwuchs). Es heißt von Daniel, er trank keinen Wein und aß kein Fleisch, aber seine strahlende Schönheit und Klugheit erstaunte die Babylonier, und seine Träume, seine Zukunftsschauungen ließen aufhorchen. In diesen Träumen war das Bild des Drachenkampfes deutlich gegeben.

Daniel (= „Gott ist Richter") sah in der Zukunftsschau, die Gegenwartskritik einschloß, das drachenhäuptige verschlingende Tier mit den eisernen Zähnen, und zugleich das gewaltige leuchtende Wesen aus den Wolken, das als Gotteshelfer den Erzengel Michael benannte. Die Tradition setzte Daniel in der Zeit um 500 v. Chr. an, in führenden beratenden Stellungen am Hof erst des Nebukadnezar, dann des Kyros, der die iranische Kultur zum Auswirken brachte. Es ist die Zeit, in der in Indien die strenge Lehre des Buddha gegeben wurde und im griechischen Raum an der kleinasiatischen Küste die ionischen Denker die Gedankenentfaltung der neuen Zeit vorbereiten. Ein neuer Anruf wird gegeben in Nachfolge der sumerischen Götter, die in drei Schritten (= Generationen), als Ea, Enlil, Marduk, die Erdgestaltung sicherten. Zum Bild trat der Gedankenkommentar – beide ergänzen sich, verstärken sich gegenseitig.

Das Bild, das das besonders stark malte, es umriß, und das auf das Abendland prägend wirkte, ist das Bild aus der „*Apokalypse*". Es geht da um eine Ablaufszeichnung der Menschheitsentwicklung vom Gesichtspunkt der Beziehung Mensch und Gottesplan. Zentral steht das Bild: „das Weib", also die Menschenseele, „das gebären will", es ist „mit der Sonne bekleidet und steht auf der Sichel des Mondes". Vor ihr lauert der Drache, um sogleich das Kind zu ergreifen. Nun aber, da es ja die reine, mit der Sonne durchtränkte Seele ist, wird das Kind von oben her, aus dem geistigen Willen Gottes hier also, ergriffen und dem Drachen entzogen. Doch der Drache verfolgt die Frau, sie flieht in die Wüste. Engel ernähren sie, aber sie muß doch diese harte Besinnungszeit der Seele durchmachen. Fühlen, Denken und Wollen müssen geübt werden „in der Wüste". Man erkennt die „7 Jahre des Schweigens" in den Märchen (von den 12 Brüdern oder den 6 Schwänen bei Grimm). In der Apokalypse heißt es, sie müsse 3½ Zeiten in der Wüste bleiben; das ist ein alter Terminus, er ist astronomisch zu erfassen, er ist in der Terminologie der Yoga-Lehre die Zeit des Abstiegs und des Aufstiegs der kundalini, also der kosmischen Substanz, die um die Wirbelsäule des Menschen flutet. Zweimal 3½ sind 7 Zeiten.

Das Bild gibt die Prüfungen des Drachenkämpfers nach dem Kampf in Kurzform an. Und es sagt, was der Drache bedroht: das Kind, das neue, junge, noch kleine, aber wachsende Sein im Menschen, also im Märchen schlechthin den Typ des oder der Jüngsten. Es meint die immer junge, die geistige Kraft, die zu Erkenntnis des Seins, zur Selbstläuterung, zur Verantwortung fähig ist und zielt. Die Entfaltung dieser Kraft wird vom Drachen bedroht. Er wird hier benannt als „Teufel und Sátanas", im griechischen Text heißt „diábolus" – aus dem wir das deutsche Wort Teufel ableiteten – klar „der Durcheinanderwerfer", und das hebräische satanas heißt „der Hinderer". Es sind also zwei Aspekte der Ablenkung gezeigt: das verworrene spinnige Durcheinanderwerfen der Zusammenhänge, und das träge dumpfe oder spitzig verhakende Hindern am Durchbruch in das Klare „Licht der Gottheit" – wie das die Meditierenden des Mittelalters nannten.

Hier nun hilft Michael: Es heißt „er stürzt den Drachen

in den Abgrund". Er tötet ihn also nicht. Das ist in der Abgrundwelt, auf der Erde, die Aufgabe der Menschen. Kampf, Überwindung, die Steigerung der Kräfte durch den Kampf, mit dem geläuterten Willen in die „von Michael gereinigte" Sphäre geistig-seelischer Erkenntnis einzutreten und von daher zu wirken. In der Ostkirche von Byzanz, Griechenland und Rußland fand man zum kosmischen Michael hinzu das Bild des irdischen *„Ritter Georg"*. Er wurde neben Nikolaus der meist befragte Heilige der Ostkirche, und man kann annehmen, daß die Namenwahl nicht zufällig war: „Georgios" heißt griechisch „der Landmann", der mit den Kräften und Aufgaben der „Gäa", der Erde, wirkte, ihr dient, sie entfaltete. Einst empfand man diese Göttin Gäa als eine Dirigentin der Erdkräfte. Georgios antwortet dem Michael nun von der Erde aus. Er ist der immer wieder abgebildete Drachentöter.

Die Darstellungen Michaels waren anders, mächtig die Bereiche reinigend, weithin blickend. Das Alte Testament nannte die Erzengel auch „archistrategos", Ur-Kampfleiter, denn man empfand die Engel in ihren verschiedenen Funktionen als tätige Wesen in der Weltplanung. Das Wort Erzengel aus dem griechischen Archangelos heißt ja „angelos aus der arché", Bote aus dem Urprinzip des Seins. Und von diesen Erzengeln, „die um den Thron Gottes stehen", empfanden die Juden in der Aufbauzeit ihrer Gemeinschaft den Michael als ihren Patron, von dem sie sagten, daß er den geheimen Namen aller Dinge zu hüten habe. In diesem Sinn sah man ihn auch als den Herrn der Seelenwaage, der zwischen Gut und Böse Klarheit wog.

Wenn man diese Bewertungen weiß, erkennt man auch die Wirkung des Bilds vom Drachenbesieger auf das immer deutlicher sich ausformende Europa. Lehre und Verehrung des Michael kam um 600 n. Chr. über Südostitalien ins zentrale Europa hinein. Es gab dort einen neuen Impuls. Der war nötig, denn die Drachenkämpfe der germanischen Gruppen waren von einer gewissen Traurigkeit umhüllt. Der gute Fürst Beowulf tötete zwar die beiden Drachen und die Drachenmutter, aber er war dann erschöpft und starb. Und Siegfrieds Drachenkampf verlor seinen Glanz in der Versuchung durch Kriemhild und die irdische Macht: das konnte nur durch den eigenen Tod gesühnt werden. Jetzt nun traf das andere Drachenkampfbild herein, erkannt aus den Erlebnissen und Gedanken der vorangehenden Kulturen dieses Gesamtgebildes „Abendland". Es kam über Griechenland, in dem Apollon die Drachenversuchung mit seiner Lehre der hellen, die Harmonien der Musik übenden Wachheit beantwortet hatte. Es kam über die alte Orakelstätte des Monte Gargano in Italien, in das Jahrhundert, in dem Karl der Große seine souveräne Idee des neuen ganzen Europa umriß und ausführte. Er nahm den Erzengel auf, und nannte ihn den Patron des „Heiligen Römischen Reiches Deutscher Nation". Die Deutschen empfanden ihn als ihren Leitengel und weihten ihm die Berge und die Pfalzkapellen rings im Land.

Die Strenge des Epos von den Nibelungen um den Drachentöter Siegfried und seinen Verrat und Tod und die Helligkeit und Kraft des Michael-Anrufs führten dazu, daß in den in Deutschland bevorzugten oder geprägten Märchen nicht mehr der Drachenkampf selbst eine Rolle spielte, sondern die interne Frage nach dem persönlichen Prüfungsweg. Es gibt bei Grimm nur ein Märchen, das von den „zwei Brüdern", in dem ein Drachenkampf vorkommt, und da ist er unauffällig eingebettet in die Versuchbarkeiten nach dem Kampf. Doch in den nordeuropäischen Gebieten wird ein Märchen erzählt, das noch Erinnerungen enthält an den Auftrag, den einst der Gott Odin dem Vater des Sigurd (= Siegfried) gab: das zerbrochene Schwert des Gottes neu schmieden zu lernen. Und dies „Schwert" erinnert an das „zweischneidige Schwert", das aus dem Munde der Gottheit in der Apokalypse herausstrahlt: es ist nicht das materielle Kampfschwert, sondern die Kraft des Wortes, das so stark sein soll, daß es schöpferisch ist. Denn Odin war kein Kampfleiter, kein Kriegsgott, sondern ein Lehrer des Wortes. Es geht um Reinigung der Erkenntnis. Das kann man aus dem Märchen vom *„König Lintwurm"* (lint = Schlinge) ableiten.

Da steht am Anfang das Unmaß der Seele (= der Königin), die nicht dem weisen Rat folgt, sondern beide Blüten auf einmal nimmt: rot und weiß zugleich. Geboren wird ihr nun das Nicht-Maß, der Drache. Der Vater nahm das Kind an, als Schicksal. Es wurde groß, verlangte eine Frau als Königin, tötete aber und vertilgte jede. Dann war die Lehre reif, es kam die Forderung der Seele (= Frau): du mußt dich selbst herausschälen aus den neun Häuten des Drachenseins. Nun ist in der germanischen Weltlehre die Neun eine bekannte Zahl, wie in Indien kannte man neun Welten, genauer Sphären von Weltraumkräften. Die unmäßige Drachennatur des Menschen wird nur Menschengewalt, wenn sie lernt, die neun Sphären zu unterscheiden, sie im irdischen Leben richtig einzubeziehen. Es entspricht im frühchristlichen Bereich dem die Lehre der neun Engel-Hierarchien, Ränge des Wirkens aus der „hieròs arché", dem „heiligen Ursein", über denen man den Menschen erwartete als die 10. Hierarchie. So nun geht der König Lintwurm durch die neun Prüfungen der neun Häutungen, und erwacht als Mensch.

Was dem Drachen abzuringen ist, wäre also der freie Mensch, das immer Junge, „das Kind" aus der Apokalypse. Drachen werden als Schatzhüter benannt, und in den späteren Sagen wird das ganz handfest ausgedeutet. Aber nicht der materielle Besitz war Sinn der Drachenkämpfe. Wenn manche Darstellungen des Michael zu seinen Füßen nicht die Mischgestalt des Drachen zeigen, sondern ein verzerrtes dämonales Menschenwesen, so zeigt das, wie sehr man in diesem Kampf fühlte, daß es statt des Zerrbilds um das reine Bild des Menschseins ging. Aber zugleich zeigt das Wort vom Schatzhüter Drache, der auf den Gesteinen und Metallen der Erde brütet, daß es darum geht, die Schätze der Erde und also des umgebenden Sonnensystems zu erkennen und nicht zu mißbrauchen. Es ist die kosmische Dimension der menschlichen Verantwortung, die im slawischen Märchen so deutlich herangeholt wird.

Mit diesem Aspekt wird es möglich, das westliche und das östliche Drachenerlebnis zusammen zu sehen. Das aber ist ja für uns heute wichtig: die Erde als Ganzes aufzufassen, in den Blickrichtungen ihrer verschiedenen Menschengruppen als Ganzes zu spiegeln. In *China* wird der Drache als bewegende Kraft gesehen, dort „lung" genannt, aber man hütet sich, seine Kräfte aus den instinktiv gefühlten Naturzusammenhängen herauszuholen, man weiß ihn als „Schatzhüter", greift nicht in das Funktionieren der Natur ein, sondern versucht aufmerksame Balance.

Darum gibt es dort keine solche Bildgeschichten (= Märchen), in denen die Drachentötung eine zentrale Stufe des Persönlichkeitsaufbaus ist. Aber es gibt viele Drachengeschichten, in denen Mensch und Drachen zusammen wirken. Die vielen Drachen sind dort noch als Naturkräfte erlebt. Man unterschied etwa fünf Funktionsbereiche, und sah sie in den Wolkenvorgängen wirken, in den Wasservorgängen der Flüsse und Meere, in den Tiefen der Erde, und als Helfer und Berater des Kaisers, der auf der Erde ordnend das zu sichern hatte, was der Himmelsherr als Weltplan gab. War etwas im Reich in Unordnung, so holte der Kaiser die acht Statthalter der Provinzen und stellte sich als der Neunte in die Mitte, und sie berieten aus neun Aspekten, was zu tun sei. Der Kaiser sammelte die Kräfte der Sonne in sich und strahlte sie, bewegungslos im Hauptkult sitzend und angeschaut von den rituell handelnden Menschen um sich, ringsum aus. An den Altären der vier Himmelsrichtungen zelebrierte er die großen Festriten, die die ordnende Kraft verdichteten. Er war „der wahre Drache". Immer war er umspielt von den Drachen auf seinen Gewändern, den Wandbehängen, und auf dem Rücken seiner Handschuhe blitzten ihre Augen. Sie hatten fünf Zehen statt der üblichen vier Zehen. Die Ränge der die Natur durchwirkenden Drachen waren vielgegliedert. Die chinesischen Bildrollen – die man sich meditierend eine Zeitlang

an die Wand hängt – zeigen viele Drachengestalten, in den
bewegten, dunklen Wolken und Wasserwogen sichtbar,
Mächtigkeit ausstrahlend, oft über der Schuppengestalt ge-
sichterhaft blickend. Viele Tempel an den Flüssen sind den
waltenden Drachen gewidmet, mit festlichen Gewändern
angetan verehrt man sie. Sie können auch auf den Schrift-
blättern der Gelehrten und Beamten in Kleinheit wandern,
und dann ungeheuer groß werdend in die Lüfte fliegen,
wenn sie erkannt und geehrt werden. Der Beamte in China,
der ja als Gelehrter in langer harter Arbeit sich in viele Wis-
sensgebiete einübte, in denen die Musik, die Harmonie-
Übung, immer zentral war, ging endlich „durch das
Drachentor", wenn er die letzten Prüfungen vor der kaiser-
lichen Kommission ablegte. Denn als Verwalter im Reich
des irdischen Drachenkaisers trat er in die Verantwortung
vor den waltenden Drachenkräften der Natur ein.

Diese Kräfte standen stets im Austausch, in manchen Geschichten wird vom Eintauchen eines Menschen in die
Wassersphäre des Drachenreiches erzählt, in den Palast im
Glanz aller Farben und Formen der Unterwasserwelt, und
vom Kräfteaustausch „in Tanz und Musik und Wissen".
Was man in den rhythmisch alle Gestalten durchziehenden
flutenden Wasser-Element lernen kann, ist da gemeint.
Und es wird erzählt vom Feldherrn, der den ja immer wirkenden inneren Auseinandersetzungen der Naturkräfte helfen kann mit seinem Rat und Mittun, und dann, nach
seinem Tod, dankbar im Geisterreich empfangen wird – in
dem er vorher nur im Traumzustand war. Man wußte das
Sein dieser Drachen als wirkende Kräfte der Natur. Die alten chinesischen Häuser zeigten am hinteren und am vorderen Türpfosten je einen Drachen, der eine absteigend die
Umkreiswirkungen bringend, der andere aufsteigend die
Erdkräfte herauftragend. Schaute man diese doch nicht materiellen Wesen in ihren geschwungenen bewegten Formen? Man muß das annehmen, da die Chinesen überzeugt
waren, daß man durch gewisse intensive Übungen nicht nur
die physischen Gestalten, sondern auch die unsichtbaren

strömenden Kräfte wahrnehmen kann. Man erlebte das alles durchwirkende Fluten und Ineinanderwirken von „Yin und Yang", von passiv und aktiv, hell und dunkel. Tag und Nacht. Der Drache galt als Yang-Kraft des Aktiven, konnte aber auch Yin-Aspekte zeigen. Als Yangkraft entsprach er dem Kaiser, dann war die Yin-Kraft der Kaiserin im Bild des Vogel Phoinix erfaßt, der in den großen Rhythmen der Erkenntnis sich immer wieder verbrennt und erneuert.

Den flutenden Prozessen des Gestaltens und Umgestaltens wollte man sich in China einfügen, sie wissend und fühlend mitvollziehen. Auch die Krisen der Unordnung, der ausbrechenden Egoismen wußte man darin zu meistern. Man fühlte sich als Teil und wachestes Wesen der Natur, stand ihr nicht gegenüber. Das wache Nachspüren wird in der Sensibilität der Künstler auch zur Kunsttheorie: in den Landschaftsbildern versucht man, auf die Drachen zu horchen – „die Drachenadern" zu erspüren. In der Medizin und der Akupunktur-Methode ist eben dies Nachspüren des Zusammenspiels deutlich. Im *I Ging,* dem „Buch der Wandlungen", formte man so einen Leitfaden der praktischen Psychologie als Verhaltenshilfe. Das große Orakelbuch gibt mit den acht Grundzeichen 64 Möglichkeiten des Verhaltens in Krisenzeiten an. Das ist dieselbe Zahl, wie die Gen-Verdopplung aller Lebenszellen sie gibt. Die acht Grundzeichen aus geteilten und ungeteilten sechs Strichen sind aus Yin und Yang gefügt, also teilbarer und unteilbarer, gerader und ungerader Zahl. Es hieß, daß der Ur-Kaiser Fu-hi, der die Menschen die Erdbearbeitung lehrte, zugleich die Zeichen des I Ging gab, und zwar durch *die Lehre des Drachen,* der aus den Tiefen des Meeres heraufstieg. Und später gab der König Wen, Begründer der Chou-Dynastie ab 1122 v. Chr. den ersten Kommentar zur Anwendung des I Ging. Man sagte insbesondere zum Zeichen Kiän = das Schöpferische, das aus sechs ungeteilten Linien besteht, also ganz aus Yang-Kraft: wenn der Mensch dies in sich verwirklicht, „indem er in großer Klarheit die Ursachen und Wirkungen schaut, vollendet er zur rechten Zeit die sechs Stufen und steigt zur rechten Zeit auf ihnen wie auf sechs Drachen zum Himmel empor." Von solcher Position aus schöpferisch wirken ist Aufgabe.

Es macht das abendländische Drachen-Erlebnis noch etwas schärfer faßbar, wenn man zur Position der Bildsprache in Alt-Amerika, vor allem in Mexiko schaut. In dem Kräftekampf dort, das dunkel und verwirrend hart ist, zeichnet sich der gute Helfergott Quetzalcoatl, d. h. „die gefiederte Schlange" als eine Art gutes Drachenwesen ab. Es gibt viele und machthafte Darstellungen dieser geflügelten Schlangenleiblichkeit, man sagte, dies Wesen sei der Leiter der Wirkungen aus dem Bewegungsfeld der Venus. Der Planet Venus wurde ja stets in seiner sehr sichtbaren Rhythmik ordnend empfunden. Aber dieser drachenartige Quetzalcoatl wurde doch verstrickt gezeigt in das Umfeld vieler dunkler und schmerzhafter Kräfte. Hier fehlt die geniale und sensible Überschau und Balancekraft Chinas.

Doch steht zu beiden Aspekten der *Aspekt der abendländischen Kulturen* in seiner Eigenheit. In diesem Bereich fühlten die Menschen sich gedrängt, aus innerem Antrieb und Fragewillen, sich der Natur in Abstand gegenüber zu stellen. Das umfaßt alle diese Menschen, vom alten Ägypten und Sumer über Griechenland, Europa und Skandinavien. Es steckt in der Formel der ersten Kapitel des Alten Testaments, im Auftrag an den Menschen, allen Dingen „ihren Namen zu geben", sie also genau zu erkennen, als einzelnes und als Zusammenspiel. Es war nicht feindlich, sondern pfleglich gezielt. So – das soll hier wiederholt werden – an jedem Neujahrsfest versprachen die Stadtfürsten des Zweistromlandes dem Gott und seinem Oberpriester in die Hand, ihren Bereich zu hüten. Sie fühlten in der Statue des Gottes die Anwesenheit eines gewaltigen Auftraggebers. Ihm versprachen sie, die Bewässerungskanäle in Ordnung zu halten, die Felder gut einzuteilen, das Saatgut gut zu verteilen, damit alles reiche Früchte trüge und niemand hungert, die wilden Tiere zu bekämpfen, und die Verehrungsstätten der Götter mit allem Glanz, den die Erde bietet, schön zu gestalten, damit die Seelen und Gedanken der Menschen dem Guten zugewandt blieben. Aber in allen diesen Zentren der alten Kulturen wurde auch die intensive Naturbeobachtung geübt, in den Schulen gelehrt, im internationalen Kenntnisaustausch in allen Richtungen vergrößert. Man ging sehr früh von der Bilderschrift über zu der aus den einzelnen Lauten gefügten Buchstabenschrift. Die Chinesen taten das nicht, ihre Sprache blieb im Fluten der Bilder, und jede Silbe bedeutete in verschiedener Tonhöhe gesprochen etwas ganz anderes. Im Westen konnte man mit der Schrift nun ein Gefüge der logischen Grammatik bauen, konnte abstrakte Denkbegriffe vom Schauen ableiten (= abstrahieren = abziehen), konnte das Geschehen zergliedern in Teilfunktionen, sie sammeln. Es begann jenes wissenschaftliche Netzwerk gebaut zu werden, zu dem dann Aristoteles in Athen ein Sammelzentrum in der Akademie schuf, die Forschungsergebnisse der Expeditionsleiter, die seinen Schüler Alexander begleiteten, hereinholend. Die analysierende Naturforschung distanziert von der Natur, die Gefahr, daß die große Ehrfurcht des Anfangs verglimmt, steht auf, Hochmut und Egoismus, Machtsucht gedeihen: wenn man nicht in der Seele wach ist. Die waltenden Drachenkräfte der Natur werden angesogen zu einer Art zerstörerischen Kraftballung.

Man empfand das von sehr früh an, und es entstand der Aufruf, dem Drachen in seiner dunklen Gewalt zu wehren. Man erlebte die Gefahr der Gegenkraft zum Guten. Er war nun nicht mehr Schatzhüter, das klang nur im Verrat nach, traurig im Gefühl der germanischen Menschengruppen, die ja ursprünglich ein ganz intensives Verwobensein in die instinktiv erfaßten Naturzusammenhänge hatten. Deutlich stand das Bild des Michael mit der Waage da, die zwischen Gut und Böse Klarheit schafft, zwischen Selbstsucht und Weltverantwortung. Diese Aufgabe stand nun deutlich da als Schicksalsauftrag des Menschen, jedes Menschen, aller „jüngsten" also geistigen Freiheitskraft in jedem.

Man kann diese Ahnung der Zentralfrage des Wegs zur

Persönlichkeit noch erkennen in dem *Märchen vom dreizehnten Sohn.* Es kommt aus Irland, also dem keltischen Bereich, in dem man immer die Spannung zwischen Gut und Böse, zwischen Lichtgott und Dunkelherrn sehr weitgespannt beachtete. Ein „Dreizehnter" (das wurde schon angedeutet) ist immer ein Schlüsselgeber, er ist der Sinnleiter des Kreises der zwölf Tierkreiszeichen, der zwölf Monate. Zu den zwölf Sonnenmonaten steht als Dreizehnter der Mondmonat, aus dem Verborgenen fühlbar. Als 13. sitzt Christus mit den 12 Jüngern, und als 13. saß König Artus in der Tafelrunde der 12 Ritter, die im keltisch-germanischen Bereich ordnend wirkten. Der Vater des Artus aber ist Uther Pendragon, das heißt „Drachenhaupt", also gemeisterte Drachenkraft.

Der 13. Sohn des Märchens wird hinausgeworfen aus der allzu sicheren Ordnung „in sein Schicksal" heißt es. Er dient einem Fürst als Hüter der Herden, und findet die Riesenkräfte der Natur als besiegbar, nimmt sie in sich hinein. So besiegt er den Drachen, der die Königstochter verschlingen sollte, um das Land zu retten. Immer ist ja „die Jungfrau" ausgesetzt vor der Gefahr des selbstsüchtigen Verschlungenwerdens: ein Jüngstes, die reine Seelenkraft, die erkennende Geistigkeit freigeben, „gebären" kann, ist gefährdet. Aus den drei Riesenstufen hat der Dreizehnte gelernt, zu widerstehen, aber nicht nur mit vitaler Kraft, sondern mit der Lebenskraft selbst, die, wenn man sie hütet, den brutalen Egoismus des Drachen auflöst, auslöscht: Der „Apfel" wird geworfen, der Drache zerfällt. Die Hochzeit zwischen Seele und Aktivem Geist findet statt, indem „der Sohn des Lichtgotts" eingeladen wird. Der Dreizehnte wirkt danach „aus dem Reich der Riesenkräfte" der Natur, die er gemeistert hat, als Ratgeber wirkt er in die Abläufe der Tage hinein.

Das Notwendige der Drachenbesiegung, wenn die Meisterung der Naturkräfte gelingen und nicht zum Hochmut und Mißbrauch führen soll, wird im keltischen Märchen angeleuchtet. Es wird in den slawischen, den *russischen*

Märchen in einer umfassenderen Sicht ausgebreitet. Die Sicht erhellt sich auch aus der Namengebung des russischen Märchenträgers: er heißt nicht einfach „der Jüngste" oder der „Sohn der Witwe", der „Königssohn", sondern er heißt Iwán, und das ist das russische Wort für den Namen Johannes (= Ioannes). Im slawischen Bereich wirken griechische und frühchristliche Traditionen ineinander. Der Evangelist Johannes war der Ostkirche und den russischen Menschen der liebste der vier Evangelisten, der vier Aspekte. Er ist der spirituellste und fragt vom Anfang an nach dem Schöpfer unserer Welt, dem Christus als „Logos", durch den alles wurde, wie es im Prolog des Evangeliums formuliert ist. Das entsprach dem slawischen Gefühl der Allverbundenheit: von vielen Gestalten der Märchen wird ja gesagt, sie seien „dreier Mütter Kind", und zwar der leiblichen Mutter, der Mutter Erde, und des Kosmos. Es ist eine Fragestellung, die im Grunde der alten sumerischen Haltung entsprach, die stets die Gesetze des Kosmos befragte und in den Alltag einfügen wollte. Nun ist die Fragestellung ganz seelenhaft geworden und läßt die Aufgabe des Drachenkampfes besonders klar erkennen.

Der Drache wird benannt, und wenn man den Namen eines Wesens oder einer Sache weiß, so hat man sie erkannt. Den Namen geben war als Auftrag des Menschen auch im Anfang des Alten Testaments von den Göttern gesagt worden. Der Drache wird genannt „Tschudo Judo", das heißt etwa riesige Gegenkraft, ein Wunder an Gegenkraft; und er wird „unreiner Geist" genannt, oder „Gorynytsch", das heißt Leidsohn, also Sohn und Bringer des Leids. So wird er genannt im Märchen von *„der Milch der Tiere"*, das die dramatische Skizze eines psychologischen Aufbaus des freien Menschen gibt. Der Prinz fängt in einem leeren Land neu an, aber er nimmt seine „Schwester" mit, seine immer von Anfang an verführbare Seele ist mit ihm und schafft die Prüfungen. Er wandert weit in den Neubeginn, ins Innere der Naturweiten durch die Zonen der drei Baba Jagás hindurch. Das sind die Hüterinnen der Hintergrundskräfte der

Natur, wie die Griechen sie als „die drei Graien", die grauen Uralten, kannten. Sie warnen den Prinzen, den Jüngsten vor der Schwester. Er kommt mit Hilfe der Lehren der Uralten an den Strom und über den Strom, der eben das verborgene Reich der wirkenden Kräfte abgrenzt. Dort siedelt er sich an, aber wenn er aus dem Haus ist, verlockt über den Strom aus der alten Welt der Drache Gorynytsch die Schwester. Er hüllt sich in die Gestalt des Menschen, genauer, er ist die in jedem Menschen verborgene Gefahr der Süchtigkeit des Egoismus aller Arten. Um mit diesen Versuchungen fertig zu werden, muß der Jüngste die großen in sich umgrenzten Tier-Triebkräfte erkennen und meistern helfen. Das sind drei Aspekte, wie es dreiheitlich in fast allen Märchen aufscheint, es werden da Fühlen, Denken und Wollen angerufen und gemeistert. Mit diesen Kräften kann er diesen Drachen töten; seine Seele (= Schwester) war nun reif zur Besinnung (fähig zu den Tränen, heißt es). Und nun kann er den größeren Drachenkampf für die Umwelt tun, und sich auswirken in seinem Bereich.

Am konzentriertesten ist der gemeinte Prozeß, der Weg durch Verwandlung der Seele und Kampf für das Gute, erzählt im Märchen von „Iwán Kuhsohn". Die drei Ansätze des Menschen, um zu erkennen, stehen hier am Anfang. Die Dreiheit von Fühlen, Denken, Wollen ist in den drei Brüdern gezeigt, die der Zarin aus dem Wasserelement des Lebens vom „Fisch" geboren werden. Es sind: der Sohn der Magd, die den Dienst am Lebensprozeß ausübt in einem vorbewußten Fühlen; der Sohn der Zarin, für das Denken und Planen berufen; und der Sohn der Kuh, mit der Stierkraft der Erde verbunden als Wollensträger. Hier wird diese Kraft vor allem betont, es klingt nach die gebändigte Stierkraft, aus der der Kontinent Europa gefestigt wurde. Der Überschlag über den Stier war die Übung aller Bürger in Kreta, der Insel, auf der Europa die Prinzessin aus Phönikien von dem Gott, von Zeus in Stiergestalt, zur Gründung der neuen Bewußtseinsstufe des Abendlands bestimmt wurde. Die drei Brüder gehen mit dem Rat der Baba

Jagá an den Johannisbeerstrom, den blutroten Strom der Lebenssäfte, zum Drachenkampf. Der große, dreifache Kampf gegen den sechs-, den neun-, den zwölfköpfigen Drachen wird im Anruf gewollte Freiheitstat. Frage des Drachen: wozu kommst du hierher? Antwort des Iwan: um dich unreine Kraft anzuschauen, deine Kraft zu prüfen. Es sind Taten aus voller Wachheit getan, keine Spur von Trance waltet in den Märchen. Auch „der Heldenschlaf", in den manche Sieger fallen und so den Trägheitskräften in sich Gelegenheit zur Überlistung geben, geschieht *nach* der Tat, ist eine rhythmische Pause. Aber für Iwan Kuhsohn und für viele andere Täter gilt hier etwas anderes: die sog. „magische Flucht" geschieht.

Es sind die „Drachenmütter und Schwestern", die sich nun rächen wollen. Das ist das menschliche Anliegen, die Versuchungen zum Kraftmißbrauch und Hochmut bis auf die Wurzeln auszubrennen. Der Hunger, der Durst, der Schlaf: sie werden Vorwände der Trägheit, Iwan erkennt sie. Aber noch nicht erkannte er die Gefahr des falschen Mitleids, der unrechten Sentimentalität: er gibt der Alten, die die Drachenmutter doch ist, die Gabe und wird ihre Beute. Noch ist er ja gar nicht am Ziel. Drachenkampf ist nur Wegreinigung. Zum Uralten ins Innere der wirkenden Erdenkräfte wird er gerissen. Der befiehlt ihm: hole mir die goldhaarige Schöne aus dem „niegesehenen Reich". Die Sonnentochter, die Herrin „hinter 3 mal 9 im 3 mal zehnten Reich" also anderswo benannt, sie hole herein. Er kann sie nur gewinnen, wenn er alle Weisen der Lebensmeisterung kennt: es kommen also „die fünf Diener" zu ihm, die in vielen anderen Märchen auch verfügbar sein müssen. Sie können hier Hitze ertragen, also das Feuer, die Nahrung verarbeiten, das Wasser durch sich hindurch pulsen lassen, schwimmen im Wasserelement, fliegen in die Sternsphäre des kraftwirkenden Umkreises.

Er hat die fünf Dienerkräfte frei entfalten können („aus dem Baum", aus der Erstarrung der Verholzung befreit), er kann nun die Lichtkraft die im ganzen Erd-Lebensprozeß wirkt, gewinnen. Der Alte kann nicht über den Strohhalm, den zarten Steg hin und her zwischen den Aspekten. Der Alte fällt in die Schwere, der Jüngste Iwan hat die Leichte gewonnen. Das hin und her zwischen Geist und Materie meistert er, holt die Lichtkraft in sein Tagesreich hinein.

Man kann in den großen Schwüngen der weiten Wege der russischen Märchen fühlen, daß es hier um ein genaues Naturerkennen geht, um ein Erfahren der kosmischen Hintergründe des Erdaufbaus und also des Menschseins. Diese langen Wege in die Innerweltlichen Reiche, springend über die Ströme der Differenzierung und den Feuer-Abgrund vom 27. ins 30. Reich, das für die alten Ägypter das Reich des Horus, des göttlichen Ursprungsmeisters war: das alles ist langfristige Lebensleistung. So taten die griechischen Helden langfristige Lebensleistungen, ehe sie Gründer ihrer Reiche in neuer Kraftstufe wurden. Die alten Bildersprachen gaben ins Unterbewußte der Hörer den Antrieb zu eigenem Mittun in der großen Erforschung der „Namengebung" des Seins. Hierin war und ist der Drachenkampf die entscheidende Wende, die große Reinigung der Selbstsüchte aller Art. Erst danach, so kann man sagen, wird die Naturwissenschaft human sein können, insofern der Mensch im Gespräch mit den schöpferischen Göttern gewußt wird. Er übernimmt den Drachenkampf des sumerischen En-lil (= Herr der geisttragenden Luft), des babylonischen Marduk, der assyrischen Fürsten, des Archangelos Michael nun in eigene Verantwortung

Und so kann er die Natur in ihrer kosmosbezogenen Ganzheit neu erfassen. Das gibt ihm die Fähigkeit, die alten Erkenntnisse der Nachbarn in China neu zu hören: welche Tonart des Muszierens, welche Farbe, welche Pflanzenarbeit zu jedem Monat paßt, das sagte einstmals der irdische Drachenkaiser den Bürgern, beraten von seinen Forschern, die hellhörig waren in die Natur hinein. Haben wir im Westen die Natur in Unordnung gebracht, so können wir versuchen, nun auf ganz neue Weise so hineinzuhorchen: wenn wir die Drachenkräfte, die in uns gestaut wurden, ins

Ganze auflösen, in uns selbst überwinden. Man kann so den Extrakt der Jahrtausende des Drachenbildes sich vergegenwärtigen, die Bilder dynamisch in sich fortklingen lassen.

VORBEREITUNG

Wenn das Drachenfest ist in China, alljährlich im Herbstbeginn, dann sind alle Menschen unterwegs. Auf den Flüssen, den breiten kräftigen Strömen drängen sich die Boote, auf ihnen und neben ihnen hat man riesige Drachenfiguren angebracht, bunt und seltsam und erschreckend oder heiter, die nun auf, in oder über dem Wasser schweben, sich winden, den Wellen folgen. Die Menschen treiben drachengleich Geschicklichkeitsspiele im Wasser, Enten zu fangen und wieder tauchen zu lassen ist Aufgabe. Und auf den weiten Wiesen im Land läßt man die Papierdrachen steigen, in den Luftraum so hoch hinauf, daß man meint, selbst im Winde mitzuspielen, mitzuwirken. Denn es sind ja Mitwirker im Naturprozeß der Erde, diese Wesen, die man „lung" nennt, die dem ähnlich sehen, was man im Westen Drachen nennt. Man ist sich nicht mehr so gewiß wie früher, als man von den Gesprächen mit den Wesen berichtete und die Tempel an den Flüssen errichtete. Aber man lebt noch im Instinktiven, im Balance-Wissen. Der Arbeiter, der morgens um fünf vor der Arbeit in den Parks von Peking steht und das Schattenboxen, das Atmen im Spannen und Entspannen still übt, oder unter einem Baum vor sich hin ein kleines Instrument spielt, oder den Vogelkäfig aus dem Haus brachte, ihn in den Baum hängt und dem Gesang lauscht: das ist noch immer Kraft instinkthafter Balance.

In Europa hat man das Drachensteigen übernommen, wo man eine freie Wiese findet, schwingen die schlängelnden Gebilde im Wind. In den meteorologischen Vorgängen des Luftraumes bewegen sie sich mit, sagt man. Der Instinkt wurde durch die Schritte der Wissensforschung abgelöst.

Aufmerksamkeit auf den äußeren Ablauf, nicht Achtung für das Wirkende: eine Spaltung der Seele war da nötig, Hybris, also Zwiespalt im Sein. Die Völker, die seit 7000 Jahren, siebentausend Jahren bewußt die Natur-Wissenschaft und dann die Technik aufbauten, müssen mit dieser Spaltung auf eigene Weise fertig werden. Sie wußten es von Anfang an, und stellten das Bild, den Anruf des Drachen vor sich hin.

Da sind die selbstzufriedenen, die überheblichen, die machtsüchtigen Kräfte, die zu Haß und Mißachtung führen, sie „nagen am Lebensbaum", an der Substanz des Lebens. Da ist also Nidhöggr.

Die nord- und mitteleuropäischen Menschengruppen der Germanen wußten: der Drache Nidhöggr wohnt im Wurzelwerk der Welt-Esche Yggdrasil und nagt an den Lebenswurzeln. Nidhöggr, das heißt „der haßerfüllt Schlagende", also der Hindernde und Zerstörung bewirkende. Die Welt-Esche, der Lebensbaum, ist hier wie im alten Indien zugleich das Bild und die Wahrnehmung der Pol-Achse, die von der Erde zum Polarstern reicht und um deren Gewölbe wir kreisen. Aus diesem Raum strömen die Lebenskräfte in die Erde. Diese Esche heißt Yggdrasil, also „das Pferd des Yggr", und ist der leitende Geist der Epoche und jener Völker, es ist ein Name Odins als Yggr = der Schreckliche, denn das Ich-Sein ist immer hart, und dies steckt im Wort hier. Ein Pferd aber ist keine Statue, sondern es ist Bewegung. Es ist die kreisende Polarachse im Bild. An den Lebenskräften dieser Zentralachse nagt der Drache Nidhöggr. Man muß das wissen, und die Gegenkräfte in sich und um sich immer suchen und wecken. Dazu ist Odin der „Rufer", der Lehrer des bedachten und gefühlten Wortes. Für die Menschengruppen der Griechen wurde das Thema noch gegliederter erfaßt. Dreifach gesagt wurde es durch: Kadmos, Jason, Apollon.

Da ist *Kadmos,* der Bruderaspekt der Prinzessin Europa, die von dem Leitgeist Zeus in seiner Stierkraft, geführt aus Phönikien, das Wissen der frühen Kulturen brachte und in

Kreta die griechische Epoche begründete. Kadmos zog durch das griechische Land und gründete die „Urstadt", Theben, benannt wie das ägyptische Wissenszentrum. Dazu aber mußte er den Drachen töten, der an der dem Ares (= dem Lehrer des Kampfmuts) geweihten Quelle hauste. Er gewann dem Unwesen die Kraft ab: er säte die Zähne ins Erdreich, ließ die unmäßigen Kräfte daraus sich zerstören bis auf die fünf Männer, mit denen er seinen Staat, seinen Stadtstaat gründen konnte. – Und da ist *Jason*, er zog aus seiner Burg der frühgriechischen Mykene-Epoche in das sonnengeprägte Heilzentrum im Kaukasus, nach Kolchis, mit allen Führenden jener Zeit zusammen leistete er den „Argonautenzug" (Argo = die Schnelle hieß ihr Schiff, man kann es jetzt am Himmel erkennen). Er mußte das „Goldvlies", das Herrschaftssymbol fruchtbarer Erdkräfte, dort „aus dem Innern des Drachen" herausholen. Zahlreiche Bilder auf griechischen Vasen zeigten den Vorgang. Wartend und helfend steht die „Tochter des Helios", Enkelin des Sonnengottes, Medeia, bereit, und wird die Lehrmeisterin des Jason: das heißt „der Heiler". Jason bringt aus der Lehre der Sonnen-Pflanzen-Kräfte die therapeutischen Kräfte ins Land. Kadmos die staatsgründenden Kräfte, die dann in seinem Bereich ganz ins persönliche Bewußtsein entwickelt werden (durch die nachfolgenden Generationen des Dionysos und des Ödipus). Das sind die Kräfte des Willens. Jason führt die Kräfte des Fühlens in die Therapie-Lehre. Und allem gab die Erkenntnisgrundlage der Lehrmeister Apollon in Delphi, der die Geistkräfte, die Denkermacht einübte, auch er zuerst als Reiniger der Atmosphäre, als Drachensieger.

Das ist in der farbigen Helle des griechischen Luftraums klar aufgegliedert. Im Norden ist es geballter gegeben. Um Nidhöggrs Wirken in Schach zu halten, muß jeweils individuell der Drachenkampf geleistet werden. Das fordert die Übung im Meistern des Feuerwesens der Triebe. Sigurd kann „durch die Feuerlohe" heil hindurch schreiten zu dem eigentlichen Selbst hin, zur Walküre. Der „feuerspeiende

Drache", er bildet in Kurzform ab, was die Meisterung, Erhellung, das Überhöhen des Feuerwesens der Triebe im einzelnen Menschen meint.

Man kann manchmal in der Natur plötzlich erleben, was in der Seele und Leiblichkeit des Menschen an brutaler Trieblichkeit steckt. Das wilde scharfe Schreien der Möwen im Hin und Her ihrer Flüge läßt sich erleben. Wie ungeheuerlich elementar kann das Schreien eines Kleinkinds sein, wenn es hungrig ist und sieht vor sich die Nahrung, die es noch nicht bekommt, weil sie noch zu heiß ist. Aber zu den Intensitäten der tierischen Triebnatur im Menschen kommt in ihm noch das ganz andere dazu, die Lust am Bösen, am Quälen, am Zerstören, angefangen im scheinbar Harmlosesten des Kindes, das beim Spaziergang mit dem Stock die Gräser und blühenden Kräuter zerschlägt. Die alten Römer, große Staatsgründer der Erde, selbst aus Hitze und Kälte geballt, wußten dafür den Mahnruf, das „Wehret den Anfängen!". Es gibt nur die rasche Gegenwendung: die Freude am Staunen und Pflegen, die Kraft des Jason.

Man kann dazu Hilfen geben. Gibt man den Kindern viele Lieder mit, eine Fülle der wirklich alten Lieder vom Mittelalter an übers Barock mit dem „Ännchen von Tharau" etwa, bis zu den Kunstliedern des 19. Jahrhunderts, so schafft man dem Erwachsenen Ventile der Spannung im Triebgedränge. Man kann den Gefahrenmoment abfangen, wo das kalte Feuer der Macht- und Quällust und das heiße Feuer drohen, das Ich zu überwältigen. Nicht stauen, sondern tönen, schreien ohne neue Exaltation, singen, singen, das sind Hilfen zum Abstandnehmen. In der Überschüttung mit verwirrender Spannung und Lärmchaos ist das nötig.

Das Feuerwesen der Triebe ist eine Wirklichkeit, die man nüchtern zu erkennen hat, und immer wieder zu meistern, wie Herakles die immer nachwachsenden Häupter des Wasserdrachens (der „Hydra in den Sümpfen") mit der großen Geduld, die lebenslang ist, besiegte. Von Sigurd-Siegfrieds Drachen Fafnir wurde gesagt, er trug „das

Schreckensdiadem", es hieß Ägirshjalm, d.h. aus den wogenden Gewalten der Urwasser geballte Kraft, und das Machtschwert Hrott. Das Bild meinte die ungeheuren Ausstrahlungskräfte bloßer Natur als Trieb. Sie scheuchten alle Nicht-Mutigen zurück. Aber Sigurd, fähig die Feuerlohe zu durchschreiten, schreckten sie nicht. Was Zerstörung sein kann, kann aufbauende Kraft werden: wenn man es will. Dann wird aus Mißbrauch der Gewalt, der Machtsucht welcher Art auch immer, Kraft zum Aufbruch in Neuland. Das ist die eigentliche Macht des Menschen, zwischen Chaos und Kosmos zu unterscheiden und in der großen Neugier und sensiblen Hochachtung „mit den Göttern" weiter zu wirken. Machtsucht und genußsüchtige Trägheit, Achtungslosigkeit und Haß, dumme Brutalität, sie sind zu verwandeln, in „ Metamorphose" = Formverwandlung in Neuland zu führen. Im Bild hieß es, Siegfried-Sigurd hatte das Herz des getöteten Drachen zu essen, um stark zu werden zum weiteren Weg hinauf zu der Burg der Walküre. Er nahm das Herz, das die Zirkulation regulierende Organ nun als Kraft in sich hinein in eine ganz andere Aufgabe.

Im Neujahrsfest der Sumerer und Babylonier hieß es, daß man am 6. Tag, also nach den Läuterungsriten und nach der großen Erinnerung an das Schöpfungskampf-Epos, hinüberzog über den Fluß und im „Schicksalsgemach" nun die ruhigen Planungen des neuen Jahrs leisten konnte. Das geschah im Gespräch der Verantwortenden des Stadtstaates mit den Göttern, den geistigen Willensträgern, deren Nähe man fühlte. Man fühlte und wußte im Innersten: Götterkämpfe gegen das Böse der Welt sind nun auch und immer mehr Menschenkämpfe, sind Auftrag an die Menschen geworden. Und man nahm den Auftrag an. Das war in Sumer deutlicher, aber im Kern nicht anders wie im Norden in Odins Land. Es ist Seinsstruktur.

Man sagt, daß es Pythagoras war, der die Schrift rechtsläufig machte, sie also für die aktive Seite des Menschen entschied. Pythagoras, um 600 v.Chr., war Mathematiker, Philosoph, Musiktheoretiker, Staatsführer zugleich. Er hielt die Proportionen der Spannungen zwischen den Tönen der Musik, ihre Ordnung in überschaubaren Gruppen als erster mathematisch fest. Mit ihm, schon vorher angedeutet, und nach ihm durch die folgenden Jahrtausende wurde der Begriff der „Sphärenharmonie" formuliert und variiert. Wenn man die im Raum sich in großen Kurven bewegenden Gestirne sich vorstellt: Planeten, Erde, in Spannung zu den Fixsternen und ihren Strahlungen, so ist es klar, daß man das als Tonkräfte mathematisieren oder in eine innere Sensibilität des Hörens fassen kann. Es gibt von Christian Morgenstern jenes wortlose Gedicht „Fisches Nachtgebet", das er aus Strichen und Punkten rhythmisierte. Man hörte ja damals die Laute der Fische nicht, indessen hat man registriert, daß sie im Ultraschallraum sich sehr wohl tönend miteinander verständigen können. So ist es mit dem Tönen der kreisenden Sphären. Man kann es ahnen. Und dann kann man ahnen, daß die Menschen mit dem enormen Egoismus, den die Naturforschung in ihnen geweckt hat, in die Harmonien auf eine gefährliche Weise eingreifen. In der ungeheuren Differenzierung sich wellend auffaltender Vielfalt, in der, ja, interessanten Fülle wirkt der Wille, das Böse in Kraft wandelnd gereinigt zu integrie-

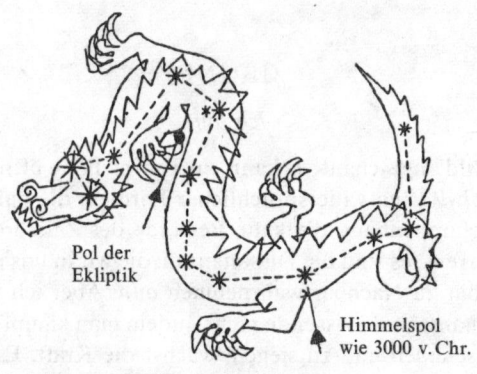

Pol der
Ekliptik

Himmelspol
wie 3000 v. Chr.

Drache als Sternbild

ren: ein Ziel, das harte Besonnenheit fordert. Man kann den Drachenkampf, Kampf gegen das Zerrbild des Kosmos, dann in seiner Notwendigkeit wahrnehmen. Er ist in der personalen Triebsphäre zu führen wie in der allgemeinen Erkenntnissphäre zu wollen, individuell zu wollen.

Nötig ist die Übung der Genauigkeit des Denkens, die Aufmerksamkeit auf die Denkschritte. Von den Drachen sagte man immer, daß sie im Sumpfigen wohnen, aus dem sie überflutend dann ausbrechen können. Hier besiegt sie Siegfried, hier sucht und besiegt sie der gute Fürst Beowulf (des altenglischen Epos): „Im Moore hausend, unheimliche Geister ... Wolfsschluchten bewohnen sie, ... wo die Flut unter der Fläche der Erde verschwindet ... Von dort steigt das Wogengewühl zu den Wolken dunkel auf" –, aber Feuer flammt aus dem Wasser. Vom Drachen gewolltes Chaos. Es ist keine sentimentale, kleine Sache, dagegen zu denken und zu wollen. Iwan Kuhsohn ruft die Gegenmacht aus dem Uferschlamm willentlich herauf. Er will Klarheit, nicht „den unreinen Geist". Und er ist hellwach, um „die Sippe" des Drachen zu durchschauen, und dann die Nuancen der Lebenserfassung zu meistern (als „die fünf Diener"). Die Genauigkeit des Denkens, das achtsame Staunen, den Mut des „furchtlosen Einzelnen" in sich wachsen lassen, ist Drachenkampf.

ÜBUNG

Ich töne

Das Bild angeschaut: es kann ein Tor ins Freie öffnen. Das An-sich-Raffen widersprüchlicher Formen, die harte Echsen-Schuppenhaut, die kalte Begierde des Zerstörens und Verwirrens, es sind die Dissonanzen, die wir in uns und von Nachbar zu Nachbar wahrnehmen nun. Aber ich will das Dissonante und Hassende nicht. Indem man kämpft, um zu durchschauen und zu siegen, wächst die Kraft. Es ist die Kraft, die aus der Erkenntnis des Bösen und dem denken-

134

den Widerstand wächst. Es ist das Erlebnis der Kraft, das freier atmen läßt. Man hört den alten Anruf durch die Jahrtausende der Geschichte des menschlichen Bewußtwerdens herauf, das „Erkenne dich selbst" aus Delphi. – Man kann, wenn man es sich gestattet, auch den Ruf von Johannes dem Täufer am Jordan hören, als er Jesus kommen wußte: das „Metanoeite", ändert das Bewußtsein. Man erinnert sich an die Lehre, die Sigurd von seiner freien Seele Brynhild bekam, Lehren des Zusammenklangs der Kräfte gefaßt in die Lehre der Runen. Die „Feuerlohe" ist ins Freie hinaus durchdrungen, als Kraft gerafft. Man hört den Zusammenklang der Sphärenharmonie. Viele Menschen haben da hinein gehorcht und manche gaben den Planeten einen Ton der Tonleiter, sieben Töne der Oktave verteilend auf die sieben Sterne des beweglichen Systems, zu dem man Mond und Sonne rechnete. Man kann das Mittel der Abstände nehmen, oder die gleitenden Melodiebögen der Bewegungskurven vergegenwärtigen. Man kann das fühlen. Aber das Fixieren für uns unhörbarer, nur mathematisierbarer und ahnbarer Töne kann auch verhärten. Man läßt es. Man weiß nun nur: ich bin ein Ton im kosmischen Gefüge. In diesem Ur-Selbst, das sich im großen Konzert entfaltet und zurücknimmt und entfaltet, atmet –, bin ich dieser eine nötige Ton. Ich bin – mein freies Selbst im Weltsein.

Man erlebt die Kraft, die aus dem Kampf gewonnen wird, man kann etwas dieser Haltung in sich nachspüren in den Statuen der alten Ägypter, die täglich den Kampf gegen den Apophis-Drachen als Aufgabe wußten. Sie stehen hoch und klar aufgerichtet, die Hände locker und fest zugleich zu Fäusten gesammelt. Nun aber wird die Kraft gelöst zum Ton. Das freie Selbst als Weltton kann das ständige „es werde" – mitsprechen, an seinem Ort, in seinem Maß, mit seinem Ton. Ton geborgen im Tonzusammenklang.

Die unaussprechliche Schönheit
oder: Die Sophia

Die jungfräuliche Königin

Es war einmal – die Sonne brannte heiß, der Regen floß in Strömen – es war einmal ein König. Er war verständig, und das Gesetz war streng; Volk und Land gehorchten ihm. Drei Söhne hatte er. Da geschah es einst, daß er blind wurde, und eine Krankheit bemächtigte sich seines Körpers. Seine Söhne berieten miteinander und gingen dann zu ihrem Vater. „Vater", sagten sie zu ihm, „gibt es denn kein Mittel, um dich wieder sehend zu machen? Gibt es keine Arznei für deine Krankheit? Befiehl, und wir suchen und finden, was dir frommt, wenn wir auch das Leben lassen müssen." „Bringt mir Früchte aus dem Garten der jungfräulichen Königin, das ist das einzige Mittel für meine Augen und meinen Leib", antwortete der König.

Zuerst schickte sich der älteste Sohn an, den Auftrag auszuführen. Er bestieg ein gutes Pferd, nahm gute Waffen mit und gab seinem Tier die Peitsche. Über unseren Berg ritt er, über fremde Berge ritt er, über den Elsterberg, den Dohlenberg, den Schneeberg und den Eisberg. Hinter diesem traf er einen Greis mit schneeweißem Bart, der saß da und nähte die Spalten im Wege zusammen, die sich von der Hitze gebildet hatten. „Sei gegrüßt, Alter; möge dir dein Werk nicht gelingen", lachte der Reiter. „Sei auch du gegrüßt, mein Sohn, möge auch dir dein Werk nicht gelingen", antwortete der Greis.

Weiter ritt, weiter galoppierte unser Reiter und kam schließlich in ein Land, wo Milchströme flossen und die Traube im Winter reifte. Wunderbare Gärten fand er dort und darin alle Früchte, die es auf der weiten Welt gab.

Wenn die jungfräuliche Königin Gärten hat, dachte er, so müssen es diese sein, füllte seine Satteltaschen mit allerlei Obst und ritt nach Hause.

„Sei gegrüßt, Vater!" sagte er und überreichte ihm die Tasche. „Sei auch du gegrüßt, mein Sohn! Warum so spät zurück, warum so schnell wieder da?" „'s ist wahr, Vater, ich war an einem Ort, wo Milchströme fließen und die Traube im Winter reift; dort fand ich wunderbare Gärten. Und wenn die jungfräuliche Königin Gärten hat, so müssen es diese sein, dachte ich und pflückte Früchte, und da sind sie jetzt." „O weh, mein Sohn! Weit ist's bis zu den Gärten der jungfräulichen Königin, der Ort, wo du warst, den kenne ich auch; da war ich oft in meiner Jugend und kam in kürzerer Zeit hin, als bei uns die Klöße brauchen, um gar zu kochen."

Nun brach der mittlere Sohn auf; sein gutes Pferd bestieg er, seine besten Waffen tat er um, gab seinem Tier die Peitsche und ritt weg. Und hinter dem Eisberg fand er den Alten, der den Weg nähte. „Sei gegrüßt, Alter, möge dein Werk nicht gelingen!" rief der Reiter. „Sei gegrüßt, mein Sohn, möge auch dein Werk nicht gelingen!" antwortete der Alte.

Weiter ritt, weiter galoppierte unser Reiter und ritt durch das Land, wo im Winter die Traube reift, und kam in ein anderes, wo ein Ölstrom floß, wo aber der Schmutz bis ans Knie reichte und dicker Staub lag wegen der Trockenheit. Solche Gärten fand er dort, daß er alle Gärten vergaß, die er je gesehen hatte, und Obst gab es darin, wie man es nur im Paradies finden kann. Er füllte seine Satteltasche damit und ritt heim. „Sei gegrüßt, Vater!" sagte er und reichte ihm die Tasche. „Sei auch du gegrüßt, mein Sohn! Warum so spät zurück, warum so schnell wieder da?" „'s ist wahr, Vater, ich ritt über den Milchfluß und durch das Land, wo im Winter die Traube reift, und kam in eine Gegend, wo ein Ölstrom fließt, der Schmutz mir bis an die Knie ging und die Luft voller Staub war. Dort fand ich einen Garten, wie ein Paradies, der, dacht' ich, ist der Garten der jungfräulichen Königin, und dort hab' ich das Obst gepflückt, und da ist es jetzt."

„O weh, mein Sohn!" antwortete der König, „in das Land, wo du warst, bin ich in meiner Jugend oft geritten, in weniger Zeit als man braucht, um eine Pfeife Tabak zu rauchen; von da ist's auch noch weit bis zu den Gärten der jungfräulichen Königin."

Und nun machte sich der jüngste Sohn auf den Weg. Als er hinter dem Eisberg war, fand er den Alten, der den Weg nähte. „Sei gegrüßt, Väterchen, möge dir dein Werk gelingen!" sagte er. „Sei gegrüßt, mein Sohn, möge auch dir dein Werk gelingen!" antwortete der Alte. „Weißt du nicht einen Rat, Alter", fuhr der Junge fort, „ich will in den Garten der jungfräulichen Königin und dort Obst holen!" „Gewiß, mein Sohn, nicht einen, sondern drei Ratschläge gebe ich dir. Hör zu! Du kommst an den Milchfluß und an den Öl-fluß und dann an den Honigfluß, dann hast du noch so weit wie von zu Hause bis dahin, und dann kommst du an einen kristallenen, einen silbernen und goldenen Turm, die sind so hoch, daß sie fast bis zum Himmel reichen; das sind die Türme, in denen die jungfräuliche Königin lebt. Du findest ein eisernes Schloß; glaub nicht, du könntest es mit der Hand öffnen, nein, in einen Stock schlage einen Nagel, und damit öffne es. Wenn du in den Garten kommst, wickle dir Gras um die Füße. Und die Früchte pflücke ja nicht mit der Hand, spalte einen Stock am einen Ende, und damit pflücke die Früchte." „Dank dir, Väterchen!" sagte der Jüngste und gab seinem Pferd die Peitsche.

Über den Milchfluß, über den Ölfluß, über den Honig-fluß sprengte er und erreichte in der Dämmerung die Türme der jungfräulichen Königin. Er band sein Pferd an einen Pfosten, schlug einen Nagel in einen Stock und stieß ihn ins Schloß. „Eisen vergewaltigt uns, Eisen vergewaltigt uns", rief das Schloß. „Wer soll denn Eisen vergewaltigen, wenn nicht Eisen?" sagte drinnen im Turm die jungfräuli-che Königin, „schweigt und laßt mich schlafen."

Sie glaubte, eine Hälfte des Schlosses habe auf die andere gedrückt. Der Jüngste umwickelte sich die Füße mit Gras und trat in den Garten. „Gras vergewaltigt uns, Gras vergewaltigt uns!" wehklagten die Gräser des Gartens. „Natürlich, wer soll den Gras vergewaltigen, wenn nicht Gras", sagte die Königin, „laßt mich schlafen." Sie glaubte, die Gräser des Gartens drückten aufeinander. Da nahm der Jüngste ein Stück Holz, spaltete es an einem Ende und pflückte Obst damit. „Holz vergewaltigt uns, Holz vergewaltigt uns", riefen da alle Bäume im Garten. „Nun, das versteht sich doch von selbst, daß Holz auf Holz drückt", sagte die Königin, „laßt mich schlafen!" Sie dachte, ein Ast schlage den andern.

Als der Jüngste sein Obst gepflückt hatte, bestieg er sein Pferd und wollte schon nach Hause, als ihm einfiel, daß er doch unbedingt die jungfräuliche Königin sehen müsse, und sollte es ihn auch das Leben kosten. Er ging also die Treppen hinauf und trat ein und sah sie: auf einem goldenen Bett lag sie, auf der Stirn hatte sie einen Stern und unter der Achsel glänzte ihr ein Mond: ihren Leib konnte man mit zwei Fingern umfassen, und wenn man sie wieder losließ, füllte sie die ganze Welt. Ihr zu Füßen und zu Häupten standen goldene und silberne Leuchter; in der Mitte des Raumes war ein gedeckter Tisch und darauf ein gefüllter Becher; allerlei Speisen gab es da und allerlei Getränke. Und damit die Bewohner des Turmes auch wüßten, daß er dagewesen, ließ der Jüngste sich's gut schmecken, dann küßte er die Schlafende dreimal und biß sie in die Wange, aber sie wachte nicht auf. Und dann ging's nach Hause, zum Vater. „Sei gegrüßt, Vater", sagte er und reichte ihm die Tasche. „Sei auch du gegrüßt, mein Sohn! Warum so spät zurück, warum so schnell wieder da?" „Vater, ich war im Garten der jungfräulichen Königin und habe Früchte für dich geholt; mögen sie dir als Arznei dienen." Der Vater betastete die Früchte und sagte: „Gut, mein Sohn; meine Augen werden jetzt wieder sehend werden und mein Leib gesund."

Als die jungfräuliche Königin ausgeschlafen hatte,

schaute sie in den Spiegel und sah den Biß auf der Wange. Dann untersuchte sie die Speisen und die Getränke auf dem Tisch und merkte, daß jemand davon genossen hatte. Sie frug ihren Spiegel, wer dagewesen sei, und der Spiegel erzählte ihr alles. Sieben Reiche nannte sie ihr eigen, aus allen sieben sammelte sie die Heere und zog mit ihnen ins Land des blinden Königs. Vor dessen Hauptstadt schlug sie ihr Lager auf und sandte dem König Botschaft, er möge ihr sofort den herschicken, der in ihrem Garten Früchte gepflückt habe. Zuerst ging der älteste Sohn zu ihr und behauptete, er sei es gewesen. „Höre, tapferer Recke", sagte sie, „wie hast du das Obst gepflückt?" „Wie ich's gepflückt habe? Mit meinen Händen natürlich!" „Nein, das ist nicht wahr, geh nur wieder heim", antwortete sie. Nun meldete sich der mittlere Bruder, aber auch der wurde wieder heimgeschickt.

Zuletzt kam der Jüngste. „Höre, tapferer Recke, hast du Früchte gepflückt in meinem Garten?" „Wer denn sonst, als ich?" antwortete er. „Und wie hast du sie gepflückt?" fragte sie weiter. Er erzählte ihr genau, wie er's gemacht hatte. Da stand sie auf, küßte ihn dreimal vor allem Volk und biß ihn in die Wange, dann küßte sie ihn noch dreimal und biß ihn in die andere Wange und sagte: „Nach Brauch und Sitte hat man das Recht, Gestohlenes doppelt zurückzuverlangen."

Und dann gingen sie Arm in Arm zum blinden König. Die jungfräuliche Königin fuhr sich mit der Hand übers Gesicht, und dann strich sie mit derselben Hand über Gesicht und Leib des alten Königs. Und sofort wurde dieser wieder sehend, und die Krankheit wich von ihm. Stark wie ein Büffel wurde er. – Dann aber heiratete der Jüngling seine Königin. Söhne bekamen sie, die dem Vater glichen, und Töchter, die der Mutter glichen. Und heute noch leben sie in Glück und Gerechtigkeit.

INFORMATION

Die unaussprechliche Schönheit verspricht der Vater-König dem Sohn in der Wiege, und nur dies beruhigt das Kind. Diese Schönheit ist „dreier Mütter Kind", also bringt drei Reiche ins Menschenbewußtsein: den Kosmos, die Erde, den Menschen als eigenes Sein. Es ist, so wird gesagt im russischen Märchen von dem „Wasser des Lebens", eben die Schöne, von der die Wasser des Lebens strömen, sie ist goldhaarig, das heißt nicht blond, sondern meint die Strahlen der Sonne, aus der sie wirkt, diese Schöne. Sie ist zu finden im „niegesehenen Zarenreich", so heißt es im Märchen vom Unsterblichen Knochenmann. Es ist die „Jungfräuliche Königin" im bulgarischen Märchen, deren Leib man mit einer Hand umfassen kann, und der doch, wenn man ihn losläßt, die ganze Welt füllt. Man muß diese Schönheit auf dem Glasberg oder dem Kristallberg suchen, wie es in den deutschen Märchen formuliert wird. Man findet sie nach Drachenkampf, Wanderung in die tiefsten Gründe der Natur, dahinter, hinter dem Weltmeer, über das nur der Vogel Phönix oder Mogul tragen kann, und nur den, der sich selbst dabei zur Nahrung gibt. Man muß – und das ist eine lebenslange Wanderung – diese Wesenheit suchen „durch dreimal neun im dreimal zehnten Zarenreich". Das war im altägyptischen Orakelspiel die geistige Sphäre des Horus, des menschenzugewandten Göttersohns aus Osiris und Isis. (Das wurde schon erwähnt, aber man muß es sich noch einmal vergegenwärtigen.)

Isis, große Helferin der Menschen, die, im Bild, auf dem Haupt zwischen den Hörnern des nährenden Rindes die mächtige Sonnenscheibe trug und mit den breiten starken Flügeln des Geiers den Luftraum besaß: sie entsprach in einer anderen Nuance dem, was die Griechen in ihrem Begriff „sophia" meinten. Es wandelte sich in Griechenland allmählich aus dem Erlebnisraum des Gefühls stark hinein in den Erlebnisraum des Denkens.

Der Begriff „sophia" meinte, in der griechischen Epoche

141

des menschlichen Bewußtseins, Weisheit und Umgehen-können mit dem Erkannten zugleich. Diese Weisheit (= sophia) schwebte nicht als eine Theorie über den Dingen, sondern indem man die Zusammenhänge und das Wesen wußte, weise war darin, verstand man sich zugleich auf den Umgang, den ganz praktischen konkreten Umgang damit. Allmählich, in der spätgriechischen, also der hellenistischen Zeit, als sich die griechische Kultur und Denkschulung über den ganzen Vorderen Orient verbreitet hatte, wurde die Sophia immer mehr zum Begriff für eine umfassende Orientierung im Weltsein, also im kosmischen wie im irdischen Sein. Und in der frühchristlichen Zeit verband man damit das Bedürfnis nach einer personalen Lehrmeisterin. Die „Sophia" ging vor allem in der Ostkirche eine unterschwellige Verbindung ein mit der Gottesmutter Maria. Es gingen die Erlebnisse des alten Sumer mit da hinein, für die die mächtige Inanna (= Ischtar) die Ordnerin der irdischen Abläufe in der Generationenabfolge war. Man fühlte sie wirken aus den gleichmäßigen leuchtend wahrnehmbaren Rhythmen des Planeten Venus. So kam es, daß die Zahl der Venus auch zur Zahl der Maria-Abbildungen wurde: die 15 Kreise um die mit der Sonne bekleidete und auf der Mondsichel stehende Maria beziehen sich auf die Zahl der Inanna, jene 15 mal 15 = 225 als dem siderischen Tagelauf des Planeten.

Alles das, was hier nur angedeutet werden kann, weist darauf hin, daß man in der Zeit, in der die Märchen-Grundformen gebildet wurden, nicht etwa irgendein Liebespaar darstellen wollte, das sich durch allerlei Widerstände findet. Natürlich kann man auch das darin erleben – Bildersprache ist eben wie das Leben vielschichtig. Aber im Kern geht es um langsames mutiges und geduldiges Hereinholen der Weltweisheit, der sophia also, in den Umgang im täglichen Leben, im eigenen Wirkensbereich in der menschlichen Gemeinschaft. Alle erwähnten Beispiele sagen das. Deutlich im Bildvorgang erfaßt gibt es besonders gerade das russische Märchen von der „Zarin Frosch", von der

„Wassilissa der Allweisen", das ja hier schon berichtet wurde. Man taucht ein in die Erfahrung des Naturprozesses, immer tiefer, in den drei Schritten zu den Baba Jagas, und weiß nun, daß zu ihnen immer die immanente Weisheit des Naturablaufs kommt, flüchtig kommt, man muß sie ahnen, dann wissen. Die Kraft der Verwandlungen in vielen Formen muß man erkennen, üben sie zu fassen. Dann zuletzt ist es der Pfeil, der auf mich weist. Ich kann die große Verwandlungskraft in mich hineinnehmen, sie mit vollziehen, sie wissen, ihr gemäß handeln.

Das ist keine Liebesgeschichte. Das ist ein Erkenntnisweg, eine Meisterschaftslehre. Sie wird in vielerlei Nuancen geübt und geleistet von Geist und Seele, vom Jüngsten und der Jüngsten, der mehr weiblichen und der mehr männlichen Kraft in jedem Menschen.

Im Ablauf der Eisenhans-Geschichte (Grimm) zeigt es sich so: zum Fest kommt der Eisenhans, sagt, was getan wurde. Du hast mich vom Nicht-erkannt-Sein erlöst, du bist mein Erbe. Die Prinzessin aber, die die goldenen Äpfel dem Sieger zuwerfen konnte, ist die „Tochter", die Ausführende des Prüfers (= König), und sie ist die Verwalterin der Lichtkräfte – genauer hingeschaut ins Bild heißt es, sie ist die Kraft des Lichtprozesses selbst, die der Jüngste erkennen und verantworten lernte.

Daß es um die Erkenntnisleistung des Menschen als solchen geht, wird klar, wenn man die immer gültige Gliederung der Bildvorgänge in das Prinzip der Dreiheit sich bewußt macht. Es geht um den gleichwertigen wachen Einsatz von Fühlen, Denken, Wollen, keiner zu viel, keiner zu wenig. In den russischen Märchen wird oft erzählt von den „drei Reichen", die der Held hereinholt, indem er sie als Kugel zusammengerollt mit sich trägt. Wenn er daheim will, rollt er sie auf: das kupferne, das silberne, das goldene Reich. Man kann von der typischen Wesenheit dieser Metalle berichten, aber hier geht es jetzt nur um die Dreiheit, die man in manchen Bildern präzis auf die drei Wesenskräfte, ihre jeweilige Übung in Erde, Wasser, Luft beziehen kann. Man findet die russischen Märchen in einer knappen und sehr guten Auswahl und Übersetzung im Band „Iwan Johannes" von Fr. Lenz (Mellinger-Verlag, Stuttgart), besser als in den großen Sammlungen, die spät aufgenommene und oft naiv zotig durchsetzte Geschichten bieten, und damit die Kernabläufe verschatten. Diese aber haben durch die Jahrtausende gewirkt und wirken heute in jedem Menschen, der fragt, unterbewußt Sinnfragen stellt.

Wie sehr das Dreiheitsprinzip Bedingung ist, um sich als Mensch im Sein zurechtzufinden, kommt in einem bulgarischen Märchen ganz unmittelbar zur Darstellung. Es ist die Geschichte „Die drei Gesellen" (im „Märchenjahr" der Lisa Tetzner). Da zieht der eine aus, um des Vaters Vorleistung – mit seinem Säbel, den er vom Staub des alten Speichers befreit – weiterzuführen. Es ist ein „Sohn der Witwe", das ist ein alter Terminus für den Übungsweg der Einweihungsmethoden, der Mensch, der im Freiraum steht. Er zieht aus, ruht auf einem Hügel, es kommt ein anderer Gleichaltriger, sie werden sogleich Freunde und wandern zusammen, und dann kommt ein dritter dazu. Sie heißen: Säbel, Stern, Meer. Die Namen sind deutlich, es klingen zusammen die Kräfte des Wollens, des geistgezielten Denkens, des Fühlens als Lebensträger. Im Lebensablauf trägt eben dies Fühlen, trägt „Meer" sie alle drei über den Graben, der die Alltäglichkeit von der Eigentlichkeit noch trennt; das Denken, „Stern", verbindet sich dieser Prinzessin, aber das absolute Wollen, „Säbel", drängt weiter in den obersten Grund, der holt „die Schöne der Erde" herein aus Fruchtgarten und Quellreich, nach Drachenkämpfen und Verwirrungen in den die Brüderkräfte helfen. Endlich finden sie bei der Mutter-Witwe zusammen, als einige Dreiheit.

Die Dreiheit kann in den drei Schritten gezeigt werden wie in dem Märchen von der „schönen Kunkej" (d. h. der zur Sonne Gehörigen) aus dem sibirischen Kasachstan. Da findet der Jüngste, auch ein Sohn der Witwe, im schlichten

Fühlen den Hirsch mit dem goldenen Geweih, will ihn dem Fürsten schenken. Der aber fordert: nun dazu den Sockel mit den zwei Flügeln, golden und silbern. Ja, aber dann muß er auch den Lebensbaum, den goldenen, aus den Höhlentiefen der Erde herauf ins Licht stellen. Und dann, ja nun muß er die Sonnenherrin selber, Kunkej holen, die Kraft, die alle Lebensrhythmen ermöglicht. Der Hirsch: altes Symbol für den Jahreslauf, da er jährlich sein mächtig verästeltes Geweih erneuert; die beiden Flügel seines Sockels sind silbern wie die Mondwirkung und golden wie die Sonnenwirkung. Der Lebensbaum: er stellt den Lebenslauf des Menschen dar. Zu den 365 Tagen des Jahres kann man den Blick weiten auf die 70 Jahre als Norm des Lebens, das entspricht einem Grad im Ablauf der Sonne im Meßkreis der 360 Grad. Die Sonnenkraft selbst aber, sie reicht weit, in 25920 Jahren rund durchläuft der Frühlingsaufgangspunkt der Sonne den ganzen Tierkreis, und wie oft diese große Ordnung sich wiederholt, wissen wir nicht, aber jetzt ist es die Zahl unseres Gesetzes. (Die Geschichte steht in der Sammlung „Die Wunderblume", Verlag Kultur und Fortschritt, Berlin 1961.) Da ging das naive freudige Fühlen des Jahreslaufs zum denkenden Erfassen des Lebenslaufs und weiter zum wollenden Hereinholen des Wissens des Lebensimpulses, der Kunkej hier.

Noch in einem anderen Aspekt kann man diese Dreiheit dargeboten finden, und sich vergegenwärtigen, daß das echte Märchen den Menschen als solchen eben in seiner Kräftedreiheit anruft. Da steht in „1001 Nacht" jene „Geschichte der Schlangenkönigin", die drei Menschen mit ihren typischen Erfahrungen zusammenfaßt. Sie umfaßt die 482. bis zur 536. Nacht. In den Auswahlbänden steht von den drei Erfahrungen meist nur die Geschichte des Dschan-schah und der Königin der fliegenden Inseln. Aber die drei Menschen gehören zusammen. Die fliegenden Inseln – das Bild ist deutlich. Die Bewegung im kraftwirkenden Gestirnsraum muß heruntergetragen werden ins Erdleben, wie es Hasib, der weise Grieche, als Arzt und weiser

Ratgeber endlich tut, nachdem er auch die Weisheit der Schlangenkönigin, die sich opferte, übernahm.

Also es wirken drei Aspekte zusammen. Da ist Bulukija, der fromme Jude, er sucht auf des großen Salomo Spuren das Kraut der Schlangenkönigin, durch das er fähig wird, die Erdoberfläche zu überfliegen und die Strukturen zu erkennen, Meere und Berge, Höhen und Schluchten, Wetter und Wolken, die Metalle im Bergesinneren, die Lehre des Engels, der das Kreisen in Tag und Nacht rhythmisch sinnvoll hütet. Zurückkehrend findet er auf einem Berggipfel meditierend den gefühlsstarken Iraner Dschan-schah sitzend, und lernt dessen Geschichte. Der, durch Prüfungen wandernd, zum Herrn der Vogelburg, dem Adlerherrn (= Nasr, einer der fünf Urgötter der vorislamischen Araber), findend: im „Schwanen-Gewand" kommt die unsterbliche Wesenheit der „Schamsa" (= babylonisch Schamasch, dem Sonnengott) dorthin, er gewinnt sie, trägt eine Weile die oberen Kräfte in das untere Reich seines Vaters, bis die Lebenszeit ablief, und er wartet auf die Rückkehr zur Sphäre der fliegenden Inseln. Es klingt hier nach, was von Odysseus berichtet wurde, der die Lehrzeit bei Kirke, der Tochter des Helios, des Sonnenherrn, durchmachte, nach Hause kam und nach dem Tod zu Kirke zurückkehrt, in ihre geistige Welt.

Die Geschichten beider Wege erzählt die Schlange dem suchenden Griechen, Hasib. Und sie sagt, daß ihr die Opferung ihrer Erdweisheit vorbestimmt ist seit je, Hinopferung an den Menschen. So nimmt Hasib den Willensantrieb des Bulukija, des Erderkunders, in sich auf, die große Gefühlsintensität und Geist-Erfahrung des Dschan-schah, und aus dem Schlangenopfer gewinnt er die Kraft des weisen wissenden Denkens, das heilend sein kann.

Diese dreigegliederte Geschichte der grundmenschlichen dreifältigen Ansatzes steht nicht zufällig in diesen Nächten. Die Sammlung der 1001 Nacht ist als eine Entwicklungslehre klug aufgebaut. Sie führt vom naiven Rachewillen der Rahmenhandlung zur Lehre dessen, „der das Gute tut", des

Marūf in den letzten Nächten, und damit zum Verzicht auf triebhafte Rache, zur Hinwendung zum freien Guten. Dazwischen stehen die Geschichten der vielfältigen Lebenserkenntnis, als Bedingung für die freie Entscheidung. Und so steht der weise Hasib darin zentral als der, der den Kosmos kennt, erkennt, verehrt und auf den Menschen bezieht.

Die Beziehung auf das Impulszentrum der Sonne ist überall da, und vor der Zeit der Märchen, die ja ganz gerafft den Persönlichkeitsweg zeichnen, wurde das im Mythosbild gezeigt. Im Mythos war noch das Gespräch mit den Göttern und die Spiegelung der Schöpfungsgeschichte gegeben. Aber im Bild des Helden Jason und der Lehrerin Medeia ist das Sonnenprinzip vorgezeichnet. Medeia als „Enkelin des Helios" bringt, wie später in so vielen Märchen, „das Wasser des Lebens und des Todes" nach Griechenland herein. Jason kann sie nur erwerben, indem er den Drachenkampf leistet. Und er ist dabei insofern auch ein in seiner ganzen Person der Dreiheit Wirkender, als er diese Argonautenfahrt ja mit allen Repräsentanten seiner Zeit tut, alle Typenansätze verbindend, es nehmen Orpheus wie Herakles daran teil. Natürlich mischen sich wie in allen Mythen konkrete Geschichte und symbolhafte Bildsprache miteinander. Das Land Kolchis, das heute wieder mit seinem alten Namen benannt ist und Reiseziel für jedermann, war sicher auch ein Heilzentrum, das viele Heilgifte kannte. Nicht zufällig heißt die Herbstzeitlose „Colchicum autumnale". Georgien nahm dann sehr früh ein sehr geistiges Christentum auf. Ausgrabungen zeigten die bis vor 3000 v. Ch. zurückreichende eigenwillige Kultur. Dort hatten die Griechen Handelsniederlassungen, aber erst viel später, seit 700 v. Chr., während Jason aus der Mykene-Kultur kam. (Man kann sich heute endlich etwas informieren über Kolchis und den Stand der Ausgrabungen in: Otar Lordkipanidze, Das alte Kolchis und seine Beziehung zur griechischen Welt, Hefte der Xenia, Konstanzer althistorische Vorträge Heft 14, Universitätsverlag Konstanz 1985.) Worauf es hier ankommt, ist die Aufschlüsselung des Märchen-Zielbilds der „Sonnentochter" als konkretes Lehrziel, als Erkenntniswille für die kosmischen Einwirkungen und Bedingungen des Erdseins, des Menschen.

Die Sophia, die Weltweisheit, hat viele Aspekte. Sie ist im Mythos vom Jason (= „der Heiler", der also aus allen Einseitigkeiten lösen kann) die Medeia, Tochter aus der Sonnenwirkung (Helios) und zugleich Priesterin also Lehrmeisterin der Hekate, d. h. der aus dem Erdreich aus dem fruchtbaren Dunklen herauf Wirkenden. Im frühchristlichen Aspekt ist Sophia im Bild der Apokalypse „das Weib, mit der Sonnenkraft und die Mondkraft beherrschend", aus den Tag- und Nacht-Kräften wirkend. Als „Königin der fliegenden Inseln" ist Sophia die Wirkung aus dem Sternraum über und um die Sonnensphäre. Man kann in den Variationen immer neu nuanciert und immer stärker die eine zentrale Aussage und Zielung erkennen und fühlen. Diese Geschmeidigkeit der Wahrnehmung ist Vorbedingung jeder Meditation.

Dann nimmt man auch wahr, wie alles das, was ringsum in großen Bildern ausgebreitet wird, in den Märchen, die im deutschen Sprachraum bevorzugt wurden, geraffter ist. Es ist in einen Innenprozeß genommen. Die Zielung der Weltwahrnehmung der Sophia ist die gleiche wie überall im gesamtabendländischen Raum. Es muß die Bündelung der Kräfte erkannt und erworben werden („die Kristallkugel"), um die Schöne auf dem Glasberg ins eigene Gespräch hereinzuholen. Worum es geht, steht im Märchen vom „Trommler" (Grimm) schon am Anfang: der Jüngste findet nachts am Bad im Wald das weiße Hemd, das sonst immer deutlich das Schwangewand genannt wird: er will nun die geistige Weisheit hereinholen, das unsterbliche Sein, das man im Schwan-Bild zeichnete. Dazu muß er auf den Glasberg gelangen, und kann es mit Hilfe der riesigen Kräfte der Natur, die er durch Mut meistert. In anderer Sicht heißt es, die Jüngste von der Geschichte des „Singenden springendes Löweneggerchen" (Grimm) muß durch die Sphären von Mond und Sonne hindurch, weit dahinter ist die Zone der Freiheitsgewinnung.

Der Jüngste, der die Kräfte des „Eisenhans" befreit, die kosmosverbundenen Kräfte der Natur durch Lehrzeit und Selbstmeisterung gewinnt, hat die Sophia damit in sein eigenes Tun hereingeholt. Es gibt die ganz stillen Geschichten, die nur Teilprozesse andeuten, so in „Dornröschen", für das es darum geht, den langen Atem der Reifezeit zu leisten, ehe der richtige Moment der Erleuchtung zum Tun da ist, dieser Moment, den die Griechen „kairos" nannten und sein Abwarten immer anmahnten. Oder die Seele des „Schneewittchen": erst ganz erdgebunden, in die Lehre der Erdgeister gegeben, die Versuchungen der Triebhaftigkeit nicht bestehend, aber erleidend, und so im Bewußtseinsdämmer in „den Kristallsarg" gebannt. Es ist die dritte und eigentliche Stufe, durch den Schock des Unterwegs, den Stoplerstein dort, wird sie geweckt. Seele und Geist klingen nun zusammen. Das ist kein großes kosmisches Bild, aber eine Bedingung des Innenwegs zur Sophia wird leise gezeichnet. Größer ist das Bild der „Allerleirauh". Sie kommt aus irgendeiner Ferne, hüllt sich in das Erdfellzeug, dient sich die Triebsphäre meisternd durch das Erdsein ins Erkennen hinauf. Das silberne Gewand der Mondsphäre, das goldene der Sonnensphäre zeigen den Weg, der da eigentlich gegangen wird, er führt zur Fähigkeit, das kristalline Gewand, das diamantene Gewand zu tragen. Das gehört in die Sphäre des Sternraums.

Vom Gespräch Mensch-Sternraum berichtete die gesamtgermanische Mythologie seit je. Ihr Meister und Leitgeist Odin übte und lehrte das Frage-und-Antwort-Gespräch, wandernd, schauend, lehrend. Die Seelenmeisterin im Lebensbereich, Freya, trug als ihr „Halsband" das Sterngefüge der Milchstraße. Unter den zwölf Götterburgen im Sternraum hieß die der Freya „Folkvangr", Feld des Volkes, und hatte den großen vielsitzigen Saal im Innern. Zu ihr ins Gespräch kamen die Hälfte der im Lebenskampf gefallenen Seelen, die andere Hälfte kam zu Odin, der mit ihnen den großen Kampf um die nächste Erdstufe vorbereitete. Ihre Anzahl wird in einer exakt astronomischen Zahl des Sonnenrhythmus gegeben. Und einer der drei Helden der Mythologie muß den Zugang und das Gespräch mit Freya speziell erringen, es ist (neben Sigurd und Wölundur/Wieland) der *Svipdagr*, das heißt „der Tagförderer". Er fördert die Helligkeit des Welterkennens durch seinen Vorangang. Seine Mutter, die Groa, aus den Erdkräften stark, gibt ihm Weg-Rat: „wirf von den Schultern, was schlimm dich dünkt, / führe selber dich selbst". Svipdagr kommt zur Burg der „Halsbandgöttin", ein Wächter ruft ihn an, er heißt „der Vielwissende", und das ist ein Beiname des Odin. Es beginnt das schnelle und vielschichtige Fragespiel, es macht den Eintritt in die Sphäre der Freya abhängig davon, daß man schon vorher weiß, schon vorher kann, was die Voraussetzung der Lösung ist. Es ist ein Symbolgespräch für das Schicksalswissen und den Fragewillen des Menschen, aller Jüngsten. Gelingt es, so ist die Sphäre der Dirigentin der aus dem Sternraum ringsher einströmenden Lebenskräfte gewonnen. Man kann aus der Kraft der Sophia nun schauen, denken, handeln.

VORBEREITUNG

Hat man erlebt, was mit dem Suchen nach der „unaussprechlichen Schönheit im niegesehenen Zarenreich" gemeint war, hat man die Weltweisheit, die Sophia, nicht nur ahnend, sondern schrittweise immer mehr auch konkret in sein Forschen und Handeln aufgenommen: dann kann man etwas von dem verstehen, was die alt-indische Lehre des Brahmanismus als „tat tvam asi" benannte. „Das bist du" – alles, was du siehst und hörst und wie auch immer wahrnimmst, ist auch dein Sein, deine Substanz. Das gilt im Guten wie im Bösen, also im liebenden Hüten wie im kämpfenden Verwandeln. In der westlichen Übung der Mithras-Lehre wurde das aktiv durchgeprobt. Der Name *Mi-*

thras altindisch wie altiranisch heißt „Vertrag", und zwar zwischen Menschen und Göttern. Die siebenstufige Einweihungsmethode wurde von den römischen Legionen vor und nach Christi Geburt durch ganz Europa getragen. Von der ersten Stufe, der des Raben, wurde hier schon gesprochen. Die oberste Stufe hieß die des Vaters, also des Umfassenden. Aber davor stand die sechste Stufe, genannt die des „heliodromos", des „Sonnenläufers". Auf dieser Stufe war der Mensch so weit, sich in die ungeheuren tragenden Rhythmen des bestehenden Kosmos so einzufügen, daß er sie nicht zerstörte durch sein Tun. Mit der unverwirrbaren Sicherheit des Sonnensystems trug er das Weltbewußtsein in sich. Das ist heute nicht mehr in gezielten Gruppenübungen zu erreichen, sondern längst Aufgabe jedes Einzelnen. Dazu hat die Lehre der Märchenbilder seit langem vorgeübt. Der Einzelne, jeder Einzelne als ein Jüngster im Geist ist angerufen. Es gibt keine Flucht in Gruppensein der Sippen und Stämme, das wirkt nur chaotisierend. Es gibt keine Flucht in Massenpsychosen, das schafft nur Zerstörung, wir haben das in Europa ganz genau erlebt. Der Einzelne ist angerufen, als „Tagförderer" sich durchzufragen: führe selber dich selbst, hieß es. Und dieser Einzelne ist weltzugewandt, das ist der andere Aspekt des Gefühls jenes „höheren Selbsts" des Drachensiegers.

Hat man mit dem dreimaligen Einsatz des „Turmspringers" die irdische Wirkweise der Sophia erreicht, das helle Denken, so folgt der Weg ins Weite. Mit diesen Gedanken erfaßt man seine eigene eigentliche mögliche Weltgemäßheit. Es meint das, was man die unsterbliche Seele nannte und nennt, die *„psyche"*. Seit dem alten Ägypten und Griechenland stellte man diese das leibliche Sein überdauernde Wesenheit dar mit Flügeln des Vogels oder des Schmetterlings. Der Schmetterling, über die Puppe und die Raupe hinaufsteigend, schönfarbig geflügelt, ins Freie des Lichts – das war für die Griechen der Begriff für Hauch, Seele, Schmetterling: „psyche". Um 200 n. Chr. erzählte Apuleius das Märchen von „Eros und Psyche". Da holt Eros die

Menschentochter, die Psyche, herauf in die Götterwelt, in das volle Bewußtsein und Mitsein im Gesamt der geistigen Ordnung und Werdevorgänge. Denn, so sagt das Märchen, die Psyche, der Mensch in seiner Wesenheit ist göttlich, ist im geistigen Kraftgefüge zu Haus: er muß es nur erkennen. Die Prüfungen, die der Psyche zugeteilt werden, sind in vielen Märchen variiert da. Das Wasser des Lebens muß der Unterwelt abgewonnen werden. Die siebenerlei verschiedenen Körner müssen aus der Mischung gesondert werden: es geht um einen Erkenntnisprozeß. Auch im „Aschenputtel"-Märchen (Grimm) geht es darum, wenn sie die Körner aus der Asche herauslesen muß, die „Tauben"-Bilder für Geistkraft seit je – helfen hier. In seinen Predigten brauchte Luther um 1520 das „Aschenprödel" als Bild der ins Licht ringenden Seele.

Die Symbolik des Wegs von Eros und Psyche erhält ihr Gewicht erst, wenn man das Umfeld kennt. Apuleius, geboren 124 n. Chr. als Sohn eines römischen Beamten in Nordafrika, studierte in Karthago und Athen, lebte zeitweise als Rechtsanwalt in Rom, wirkte dann wieder in seiner Heimat, wurde Oberpriester des Kaiser-Kultus und des damals stark entfalteten Kultus der Isis. Er schrieb philosophische Schriften, als sprachschöpferischer Meister stellte man ihn neben Vergil. Als Wundertäter wurde er verehrt, gemäß der ganz anderen Sensitivität jener Jahrhunderte wirkend. Das Märchen von Eros und Psyche steht als eine Mitte im Ablauf der Erlebnisse und Prüfungen des Buchs von den „Metamorphosen", den Verwandlungen der Seele also. Da wird der Held gebannt in die Symbolgestalt eines Esels, eines „goldnen Esels". Zuletzt, in der Begegnung mit den Lehrmeistern des Isis-Kults, gewinnt er seine Menschengestalt wieder, aus dem dumpfen Zustand des Lasttier-Seins gelöst. Das Ziel der völligen Freiheit deutet Apuleius an im Bericht des Verwandelten über seine Erlebnisse bei den schrittweisen Einweihungen im Lehrhaus der Isis. Er darf das nur andeuten:

„Ich bin an die Schwelle des Todes gekommen und habe

die Schwelle der Persephone betreten – durch alle Elemente bin ich gefahren und dann zurückgekehrt, um Mitternacht habe ich die Sonne im blendend weißen Licht leuchten gesehen, den Göttern droben und drunten bin ich von Angesicht zu Angesicht genaht und habe sie aus nächster Nähe angebetet." Mehr darf er nicht sagen, die Einweihungserlebnisse sind nicht ohne Vorbereitung nennbar. Er schildert nun nur den Ritus, die strenge Lebensführung dessen, der die Einweihung ins Weltganze erleben will. Er kann so „die Schwelle der Persephone" kennen, der Dirigentin der innererdigen Prozesse im Reich des „Hades" = „der Unsichtbare". Und er kann die oberirdischen Prozesse erkennen, deren Dirigent für die Griechen Zeus hieß. Die verbindenden Generationsabläufe ordnete, so sah man es, eine Wesenheit, die für die Sumerer Inanna hieß, für die Griechen Aphrodite, für die Römer Venus. In des Apuleius Symbol-Geschichte versucht diese Venus zu bremsen, daß das Menschenwesen, Psyche, in der Schönheit seiner Anlage zur Vollkommenheit, aufbricht ins Freie. Sie sendet Eros (hier römisch Amor genannt), um Psyche zu fesseln. Aber Eros erkennt die wesenhafte Verbindung zwischen ihm und ihr, er will sie zu sich nehmen. Venus verhängt die hemmenden Prüfungen. Das gibt die Bildsituationen der Märchen: das Schloß in dem unsichtbare Hände helfen, der Abgrund der Wasser des Lebens und des Todes, die Sichtung der irdischen nährenden Körner. Der leidende Eros ruft die Hilfe des obersten Meisters, des Zeus. Der offenbart nun klar, wohin Psyche gehört: ins geistige Wesensreich, zu den Göttern mit Eros verbunden.

Apuleius hatte die ganze griechische Bildung seiner Zeit erworben und mit sich verbunden. Für ihn war der lateinische Name Amor durchlässig für den griechischen Ur-Namen, Eros. Und in diesem Begriff steckte seit Jahrhunderten der große Hintergrund der Liebe als Weltgrund. Die Lehre der „Orphik" hatte das seit 600 v. Chr. entwickelt, durchdacht, durchlebt. Pythagoras hatte das ausgeprägt, im Namen des Orpheus, Schüler des Apollon, gefaßt. In Rom gab es damals, zu des Apuleius Zeit, das große Haus der Pythagoräer, in dem sich die Menschen der führenden Gruppen trafen, gemeinsam dachten und das Gedachte in die Praxis der Staatsführung einzubringen versuchten, wie es Pythagoras getan hatte.

Diese Lehre der Orphik sagte, und meinte es zugleich als Bild und als Wirklichkeit, so: im Anfang war das Ur-Ei, eine große Wärme-Substanz. Dann trat heraus Phanes d. h. der zum Leuchten bringt. Er ließ aus dem Ei die Dreiheit erscheinen. Es ist Eros, Metis und Erikepaios. Aus diesem Zusammenwirken der Drei entsteht und besteht das Erdensein des Menschen. Eros – das ist das Urprinzip der Liebe, die viele Wesen am Sein teilhaben lassen will. Metis, das heißt „Maß", die Griechen nannten sie „die den Samen der Götter trägt", und zugleich wurde sie genannt als die Kraft, mit der Zeus „aus seinem Haupt entspringend", also als hellste Bewußtseinskraft, die Göttin Athene ins Wirken brachte. Und „Erikepaios" heißt etwa „hervorbrechender junger Lebensprozeß". Es wirkt nun die Dreiheit, die man wiederfindet in Fühlen, Denken, Wollen des Menschen. Wenn nun die Psyche (= der Mensch) sich im Zentrum seines Seins mit dem Prinzip des Eros als weltumfassende Kraft verbindet, so ist sie „im Olymp", bei den Göttern, mit ihnen wirkend: sie ist entfaltet als schöpferische Kraft. Das ist die Sophia im ganzen eigentlich gemeinten Sinn, zugleich erkennend und handelnd.

Wenn man vom Ziel her an die Märchenbilder herangeht, zeigen sie den Hintergrund. Dann etwa ist die „Stiefmutter" des Aschenputtel die hemmend-prüfende Venus des Apuleius, und der König der wartende Zeus und zugleich Eros. Ist die Erkenntnisübung geleistet in der Sonderung von Lebenskeimen und Aschensubstanz, dann ist endlich Mond, Sonne und Sternraum mit den „drei Kleidern" befragt. Das Recht des guten Königtums ist gewonnen.

Natürlich kann man einzelne Figuren der Märchen auch als psychologische Einzelstudien herausnehmen. Aber damit ist der Sinn der Bildgeschichte zerspalten, verfehlt. Man erlebt ihn nur, wenn man die Figuren als vorwiegend in mir selbst angelegte Aspekte befragt. Dabei findet man die Zielung der hier durchgeführten Persönlichkeitswerdung: das Reich, den Umkreis richtig zu verwalten, sich richtig darin zu verhalten. Es ist also nicht Selbstverliebtheit gemeint, also gerade das Gegenteil der Drachenkämpfe, sondern die Fähigkeit zum Gespräch. Gespräch mit den anderen Personen ringsum. Goethe deutet darauf in seinem „Märchen" von der schönen Lilie und der grünen Schlange. Die Schlange findet im Gefels noch verborgen die drei Könige, die auf den Jüngling warten, und unterhält sich mit ihnen. Wo kommst du her? fragt der König. – Aus den Klüften, in denen das Gold wohnt, antwortet die Schlange. – Was ist herrlicher als Gold? fragt der König. – Das Licht, antwortet die Schlange. – Was ist erquicklicher als Licht? fragt der König. – Das Gespräch, antwortet die Schlange.

Die Gesprächsfähigkeit ist einbegriffen im Ziel der Personwerdung. Gespräch bedeutet auch Zuhören, Verstehen-Wollen, das Nebeneinander-Wirken verschiedener Ansätze. Goethe schrieb dies, was er nur „Märchen" benannte, als Endformel auf, nachdem er längere „Unterhaltungen", das menschliche Sein ertastend, berichtet hatte. Sie geschahen zwischen Flüchtlingen, die vor der Französischen Revolution und ihren Kriegsfolgen nach Osten gekommen waren, und fragten, was nun nach der Auflösung überalteter Formen neu werden solle. Das „Märchen", in Bildsprache konzentriert, sagte, die mit vollem Bewußtsein durch Opferung gegangene und sich neu aufbauende Persönlichkeit, der Einzelne in Verantwortung also, könne nur Träger einer neuen Zukunft sein. Goethe gab diese Antwort noch mehrmals und Schiller auf seine Weise ebenso. Sie antworteten auf die Zeitlage –, die heute noch immer und in viel schärferer Klarheit akut ist.

Dieser Jüngste, der „Jüngling" des Märchens, gibt endlich alle altererbten Würdenzeichen ab, „ich bin so nackt und bedürftig wie jeder andere Erdensohn", und sucht jenseits des schwer zu überschreitenden Flusses die noch unnahbare, weil den Unvorbereiteten tötende Wesenheit, Lilie. Es ist die Zone der reinen Möglichkeiten und des höheren Selbst. Endlich sich in diesen Tod hinwerfend, sein altes Bewußtsein löschend, beginnt das neue Leben. Die „Schlange" im Menschen opfert ihr Erdenwissen und macht es zur „Brücke" über den Fluß, der „Alte mit der Lampe", das unbewußte Wissen im Menschen wacht und hilft. Der „Tempel" des neuen Bewußtseins der wachen Verantwortung kann aus dem Gefels und nun durch den Fluß heraufsteigen als Mitte der Brücke. Die drei Königskräfte werden aus der Tiefe nun in den neu erwachenden Jüngling hineingegeben: golden, silbern, erzen entsprechen ihre Symbole und Worte dem Denken, Fühlen und Wollen des Menschen. Die geistige Kraft – die Lilie – waltet nun mit.

Das Motto, in dem sich der Neubeginn vollzog, formulierte der Alte während seiner Hilfsaktion, in der er alle Kräfte, alle Mitwirkenden des „Märchens" zusammenführte: „Ob ich helfen kann, weiß ich nicht; ein einzelner hilft nicht, sondern wer sich mit vielen zur rechten Stunde vereinigt." So konnte der neue König erwachen: die Lilie berührte die Schlange mit der linken, den Jüngling mit der rechten Hand. Geist und Erde und Gefühlskraft klingen zusammen. Es entsteht freie Gesprächsfähigkeit. Sie ist gegen die Haßgewalten nötig und möglich, wenn der vollkommen männlich-weiblich und harmoniefähig entfaltete Mensch zum Du, zum Interesse, zum Staunen und zur Achtung sich fähig macht.

Im Wissen und Sein der „sophia", der Kraft der „Prinzessin-Sphäre", klingt der ganze Weg zusammen. Man erinnert sich. Im Lichtprozeß-Wissen („Goldkugel") gewann man die Kraft der Verantwortung, im Formkraftwissen das Interesse als Kraft, als reiner Ansatz („Kristallkugel"), im Wasserprozeß das fühlende Mitleben als Wahrnehmungskraft. Das Hören im Baum und das Schweigen machen zum Mitträger des Werdewegs. Das differenzierte Selbsterleben der Drei-Pferde-Übung reift zur Kraft des Drachenkampfes. Dann wird das Herausgehen aus dem einfachen Ich-Selbst zum höheren Selbst die Stufe, die zum sophia-Erleben führen kann. Dann ist „sophia" dreifach zu erfahren. Die Naturgeistigkeit (= der Zusammenklang aus dem Kosmos) als Realkraft ist schrittweise befragt. Das höhere Selbst als der Mensch schlechthin ist der andere Aspekt davon. Die Werdeform des Psyche-Seins als von Eros bestimmt ist Menschenweg im Zeitablauf.

In der weiträumigen Perspektive der Geschichte des menschlichen Denkens werden die Bilder starkfarbig, zeigen den Hintergrund auch dann, wenn sie leise und knapp sind und nicht im großen Schwung der russischen Märchen mittragen. Dann wirkt das genaue logische und zugleich intuitiv bildhaft fassende Denken zusammen mit der Beobachtung des Fühlens und seiner Formung zur Wahrnehmungskraft, und das wird im Zügeln und Verstärken des Wollens gefaßt. Das „Ich" als personale Eigenkraft und als das höhere Selbst weiter entwickelt, ist nun Gegenwart.

ÜBUNG

Jeder = Mitte

Das uns erkennbare befragbare oder nur anschaubare Weltgesamt ist als ein Objektives von mir objektiv wahrzunehmen. Dahinein gehören die Subjektivitäten, auch meine und die der anderen, es gehört die Dynamik des räumlichen und zeitlichen Seins, Werdens, Zerfallens, Verlöschens, Aufflammens. Licht und Dunkel, warm und kalt, gut und böse. Vor allem „warm und kalt" ist wichtig zu betrachten, objektiv und subjektiv zu erfahren. Das ganz Kalte zeigt Gefahr an. Aus dem Wärme-Sein tritt Eros in Erscheinung, sagte man im Bild. Wer bin ich? Noch weiß ich es nicht. Aber „sophia" *ist,* wenn man Weltwissen und Welthandhaben verbindet, liebend zu verbinden versucht.

Da ist man Mitte in einem ganz weiten, kosmosweiten

157

Kreis, und von allen Seiten her strömen die Kräfte auf mich Mitte (auf jeden = Mitte) ein. Sie durchdringen, beleben, bedrohen, befeuern, tragen, vernichten und eben beleben mich. Mein Ich-Sein antwortet den Strahlen, wissend oder noch nicht wissend. Denn mein Hören, Schauen, Fühlen ist ja Aktivität, ist sogleich Antwort. Ich horche und antworte. Ich horche, und je nachdem, wieviel ich verstehe, wieviel eindringt in mein So-Sein, will ich antworten. Ich bin Mitte, in mich lasse ich das Weltsein einstrahlen, nehme es in mein Fragen und Lieben und Wehren, und will lernen, zu antworten. Jetzt aber bin ich nur Mitte, eine Mitte in dem weiten Kreis, nehme atmend in Ruhe auf, was da wirkt.

QUELLENNACHWEIS

Der Eisenhans
Die Kristallkugel
Die zwölf Brüder
Die Bienenkönigin
Aus: Die Märchen der Brüder Grimm.

Die Tochter der Blumenkönigin
Aus: Märchen und Sagen, Verlag J. F. Richter, Hamburg 1892.

Sigurd, der Drachentöter
Der Edda nacherzählt von Ortrud Stumpfe.

Die jungfräuliche Königin
Aus: Kaukasische Märchen, ausgewählt und übersetzt von Adolf
Dürr, Jena 1920.
Der Kaukasus ist ein Sammelbecken vieler alter Kulturen: hethi-
tisch, sumerisch, babylonisch, iranisch, georgisch. Die durchziehenden Mongolen-Nomaden ließen nur ihre awarische Sprache als
allgemeines Verkehrsmittel über den vielen Eigensprachen zurück.

Zarewna Frosch
Aus: Sammlung Afanasjew, Moskau 1861/63; übersetzt von
Paul Weiß und Sigrid Früh.

Ortrud Stumpfe

Öffne dich der Harmonie

Durch einfache Übungen
zu einem ausgeglichenen Lebensrhythmus

Band 1321, 160 Seiten

Gehen, Stehen, Sitzen, Liegen, Schlafen, Atmen,
Schauen sind Grundtätigkeiten von Leib und Seele. Ver-
gessen haben wir weitgehend, daß sie unseren ganzen
Lebensrhythmus bestimmen. Weil wir im Gehen nicht
mehr den Kontakt zur Erde suchen, weil unser Schauen
flüchtig geworden ist, weil wir im Atmen nicht mehr mit
der Welt im Austausch stehen, sind wir verkrampft und
überlastet, haben wir die elementare Beziehung zu Natur und Kosmos und zur eigenen Lebensmitte verloren.
Die Autorin erinnert an die Lehre großer Meditations-
meister von Lao-tse und Buddha über Seneca bis durchs
19. Jahrhundert zu Steiner und Graf Dürckheim: sie alle
führen zur Erfahrung tiefer Harmonie. Es ist nicht
schwer, der Anleitung der Autorin zu folgen, sie bietet
dazu eine Fülle von Übungen.

Herder Taschenbuch Verlag